龍椅背後

Behind Dragon Throne

開棺驗史！揭開中國歷代帝王死因之謎

冷山月◎著

皇帝的高危險職業和非正常死因

如果說，有這麼一種職業，平均壽命三十九歲、非正常死亡率達百分之四十四、死亡方式多種多樣，你會願意做嗎？

我估計讀者朋友聽到後一定會拒絕，並且在心中暗想，如果誰去從事這樣「高危的職業」，一定是腦袋進水了。但是在中國歷史上，還真有這麼一個職業，雖然悲慘程度驚天地泣鬼神，但是人人都搶破了頭，因為它有一個華麗的名字——皇帝。

中國歷史上，從秦始皇開始，將凡是曾與中原沾邊帶故稱帝建號的政權都計算在內，總共有四百二十七位皇帝。

表面上來看，皇帝權力巨大，榮耀無比，實際上他們是中國歷史上很不幸的一群人。主要表現在：平均壽命最短，健康狀態最差，非正常死亡率最高。

皇帝又被稱為「天子」、「萬歲」，希望自己可以活一萬年，但生老病死乃人之常情，即便是君臨天下的九五之尊，也不能倖免。據統計，中國皇帝壽命超過六十歲的不到百分之十三，活不到四十歲的高達百分之六十，平均壽命遠遠低於同時期全國的平均水準不說，死亡率也遠遠高於全國的平均水準。

可以說，皇帝是一個睡在刀口上的職業。原因主要是由權力而引發的。他們無時無刻都生活在陰謀與權力鬥爭中，他們的地位也在一直被窺視和覬覦，歸根究底，「權力」二字，既成就他們，也害了他們。

孫中山說過：「幾千年來歷史上的戰爭，都是大家要爭皇帝。」在奪位與保位的烽火交織中，歷代皇帝不得不絞盡腦汁，展開鞏固統治的漫長接力。他們防範權臣、防範外戚、防範太監，直至防範自己的妻子、兄弟。當一個野心勃勃的人，歷盡千辛萬苦終於奪得皇帝稱號的同時，也意味著自己的生命已經進入了倒計時。

在和平時期，老百姓多死於疾病；在戰亂時期，老百姓多死於兵燹。而皇帝的死因則是多種多樣，其中死於疾病的約占三分之二，死於他故的約占三分之一，這三分之一是皇帝所特有的死亡方式，包括死於篡弒、死於丹藥中毒、死於荒淫、暴死而原委撲朔迷離，其中死因離奇甚至是搞笑的也大有人在。

細數皇帝們駕鶴西去的原因，真是五花八門，簡直令人眼花繚亂：有的等著晚上吃頓熊掌，卻等來了三尺白綾；有的叱吒風雲一輩子，最後卻被活活餓死；有的驍勇善戰，卻被老婆戴了綠帽子，最後還被這帽子奪了性命；有的一生無驚無險，卻在茅廁裡出了意外……

這些死因不僅多樣，還十分神秘。畢竟皇帝身邊的事太複雜了，正史裡的記載往往要顧及各方面的利益，難免有粉飾、隱瞞。

柏楊先生曾說過：「在政治掛帥下，中國史書成為文字詐欺大本營。遇到帝王老爺們哎喲哎喲，端不起嘴臉，栽倒在地時，總是『諱』個沒完。或語焉不詳，或根本成了沒嘴葫蘆，把人氣得吐血。嗚呼！要想中國現代化成功，第一件事應該是砸碎政治掛帥的枷鎖，先使史跡顯示出來真正面目。」這句話也從側面說明了《龍椅背後——開棺驗史！揭開中國歷代帝王死因之謎。》這本書的創作主旨和閱讀意義。

在書中，作者針對歷史上有關皇帝非正常死因的宮廷懸案，進行探索揭秘，並且挖掘一些未被人發現的野史逸聞，結合當時的歷史環境，政治條件和亙古不變的人性，來分析皇帝們各種行為背後的動機，進而揭秘他們的真實死因，以及不為人知的宮中秘事。

小時候，我們都背過「人皆可為堯舜」的「名句」，聽過大禹為治洪水三過家門而不入的故事，卻從未深究他們的真身究竟是何模樣。也許這應該歸咎於從小受到的教育——未曾培養我們深入事物、去偽存真的能力，所謂的思考也只是某種對表像的膚淺的分析；也許也應歸咎於我們自己——相信教科書的內容是真實呈現，沒有質疑的精神。

長大之後，我才發現，堯舜所謂的「禪讓」，實際是政治鬥爭失敗後的無奈之舉；而大禹治水時的三過家門而不入，是因為禹的父親鯀被舜的屠殺，按理說作為家屬的他也應被放逐，但由於他做當時治水「高級技術人員」，舜不得不用他。治水期間也是禹培植自己勢力的時候，他不入家門，是「不敢入」而非「不肯入」。

「三皇五帝神聖事，騙了多少無涯過客！」歷史就是這麼撲朔迷離，仿佛隔著一層面紗，與後世隔絕。

誠然，粉飾者的謬導會讓你的歷史觀慢性中毒，一些臉譜化的歷史課本又會使你曾經活躍的思維僵化。

目錄

第一章　親情抵不過江山美人

第二章　臣要君死，君不得不死

第三章 守不住的江山，保不住的性命

第四章 想長生不老，卻做了短命皇帝

第五章 牡丹花下的風流帝王

第六章 「非常」君王——死也要與眾不同

第一章 親情抵不過江山美人

來自兒子的死亡邀請

西元前六七二年，楚成王依靠隨國（今隨州市西北部）支持，殺死其兄楚王堵敖，奪得君位。繼位初期，正值齊桓公稱霸，初期懾於齊桓公兵威，和齊國結召陵之盟。休養生息後，次年率師對齊出兵，之後二十多年，歷經城濮之戰等大小戰役，楚國逐步稱雄中原。西元前六二六年，楚成王欲廢太子商臣，商臣率兵夜圍王宮逼其自縊，死後追諡為楚成王。

一代霸主楚成王是被自己的兒子商臣用白綾勒

▲ 楚皇城遺址

死的。這實在是歷史和我們開的玩笑。不過這位太子身上的叛逆基因正來自於他的父親。四十六年前，楚成王正是透過殺掉自己的親哥哥——楚王堵敖，才得以施展治國之才。但沒想到的是，四十六年後，宮廷政變又一次血腥上演，這次坐以待斃的卻是楚成王。

事情還得從楚王的家事說起。

所謂家家都有難唸的經，在楚成王的霸主世界裡依然不可避免。雖然在國家大事上楚成王做出了很大的成績，但在家事上，特別在確立儲君這件事上，他實在是很不明智。後來死在自己兒子手中，也怨不得別人。

楚成王第一次有立儲的念頭時，首先想到的繼承者是商臣。商臣是長子，按照周禮「宗子維城」的世襲制的確合情合理。但正是這一個念頭，卻成了日後最大的隱患。

在立儲的過程中，並不是一帆風順。這裡要說到這場儲君之爭的第一個政治犧牲者——鬬勃。鬬勃原本只是個行軍打仗的武將。好巧不巧，偏偏在立儲這件大事上，楚成王順口詢問了鬬勃的意見。

商臣富於心計，在立儲之前早已做好鋪墊，時常會送珠玉環佩一類不值錢卻很有作用的小玩意兒給楚成王身邊的近臣。於是，楚成王便不時聽到別人吹捧商臣，自然對商臣有了好印象。

但鬬勃卻是明白人，商臣如何「行賄」，外人看得一清二楚。因此被楚成王詢問時，他說：「大王，您現在還年輕，寵愛的兒子也不只一個，立儲這事不急於一時。現在草率決定，如果將來後悔想要廢掉他，恐怕會生出內亂。況且咱們楚國風俗是幼子守家，立少不立長。而且商臣這孩子，眼睛像蜂，聲音像豺，實在是殘忍奸詐的人，不可考慮啊！」鬬勃說得確實沒錯。只不過楚成王仍舊一意孤行立商臣為太子，並安排潘崇做他的老師。可想而知，商臣知曉這番言論後，對鬬勃恨之入骨。

距離城濮之戰五年，晉、楚兩軍在泜水狹路相逢。雙方相隔泜水僵持了兩個多月，天寒地凍，眼見糧草將盡，晉軍主將陽處父可著了急，遲遲按兵不動，既怕擔上畏楚的惡名，又怕楚兵突然攻上，思前想後，終於想出一條妙計。

陽處父連夜傳話給鬬勃：「晉楚一直相持下去也不是辦法，不如痛痛快快打一仗，一決勝負。我軍願意後退三十里，放楚軍過江佈陣，如果你們不敢過河，那麼請你們後退三十里，放我軍過江佈陣。」

鬬勃哪忍受得了晉軍的示威，當即決議領兵渡江抗敵，但部下成大心的父親成得臣有過類似的教訓，他向鬬勃分析了形勢，要他小心其中有詐。

思來想去，鬬勃最終命令部隊向後撤退，讓出地盤來給晉國人渡河。

成大心的考慮是正確的。此時楚軍如果主動渡河，陽處父肯定會半路出擊，將楚軍一舉擊潰。但鬬勃沒有想到，楚軍主動後退，晉軍卻沒有如約渡河，而是對外宣稱：「楚軍逃跑了！」便大搖大擺地班師回朝了。

這次，鬬勃不僅是被晉人晃點這麼簡單。鬬勃不戰而歸，一到楚地，便遭到太子商臣的誣告：「令尹和晉軍相持兩月一箭未發，最後還主動退讓避開晉軍，聽說他這樣做是受了陽處父的賄賂。這使楚國受了莫大的恥辱啊！」

楚成王聽了大怒，派人給鬬勃送去了一把劍。鬬勃趕到宮門想要辯解，卻遭到了商臣的阻攔。無法申冤，鬬勃只好仰天長嘆，拔劍自刎。

鬬勃一死，成大心成了最清楚始末的人。商臣如何謀害鬬勃，成大心看在眼裡，記在心上。默默處理完鬬勃的身後事，成大心自己也換上了囚服，連夜冒死進宮，向楚成王一五一十的講清了事件的來龍去脈。自此，楚成王開始有了覺悟，對太子商臣起了一些疑心。

恰巧沒過多久，楚成王看到了一個近臣身上佩戴著自己賜給商臣的飾物。嚴刑之下，近臣將商臣賄賂的事情和盤托出。楚成王徹底對商臣感到失望，同時又萬分後悔處死鬬勃，於是開始冷落商臣。

這時，楚成王的小兒子王子職已經長大，而且聰慧乖巧。楚成王對商臣失望以後，自然將更多的目光投向了王子職。久而久之，便考慮廢掉商臣，改立王子職。

消息不脛而走，傳到商臣耳朵裡時，他的老師潘崇便教他到江芈處打聽。關於江芈的身分有幾種猜測，有說是楚成王的妹妹，也有說是楚成王的妾室。無論是哪種身分，可以確定，江芈當時與楚成王的關係一定相當親厚。

商臣聽從潘崇的建議，在自己的宮中設宴款待江芈，設計打聽消息。這頓飯吃得有多不愉快可想而知，在席間江芈竟對著商臣發火，厲聲喝斥道：「你這樣無禮，難怪大王想廢了你改立別人。」當然，江芈並不知道自己中了圈套，也因此導致了一場宮變。

至於要改立誰，大家都心知肚明。對商臣來說，怎樣保住自己的太子之位，成了當務之急。江芈自然是生氣地拂袖而去。回到宮中，仍然難以平息怒火，於是又去楚成王那告了一狀。楚成王一邊聽著江芈數落商臣的無禮，一邊在內心下定決心要廢掉商臣。

而那邊商臣已經得知父親想改立別人，心中惶恐不安，急忙去找潘崇一起商議對策。潘崇面無表情，只是問道：「既然如此，你願意屈尊侍奉王子職嗎？」

商臣連忙搖頭：「當然不願意。」

「那你願意逃到別的國家嗎？」

「不，不願意。」

這時，潘崇沉默了一會兒，最後問：「那你有膽量做件大事嗎？」

商臣似有覺悟，咬了咬牙，決意說：「請先生助我一臂之力。」

於是，在西元前六二六年的一個夜晚，一場宮變醞釀而生了。不過，這種血腥在楚宮裡一定不陌生，四十六年前，也同樣發生過。

這個夜晚在商臣闖進來之前沒有任何異常，楚成王還頗有興致地吩咐御廚做了熊掌。當商臣的親兵包圍了楚成王的宮殿，並手持血劍走到他面前時，一切都太晚了。楚成王看著身邊的內侍宮女倒在自己面前，仍想著喚起商臣心中的親情，但換來的只是眼前的幾尺白綾。

萬念俱灰間，楚成王依然抱著一絲希望，盼著王子職能夠趕來，於是向商臣哀求道：「御廚給我做了熊掌，讓我吃完它，這樣即使死了也沒有遺憾。」

商臣聽了，只是淡淡地說：「熊掌難熟。」

楚成王想到自己一生霸業，到頭來落得如此下場，也不禁老淚縱橫，說到底一切都是因果循環。

叱吒一生的霸主，最終死在親生兒子手裡。彷彿是冥冥之中的牽連，四十六年前楚成王從親哥哥手裡奪來王位，現在又以同樣的方式被自己的親兒子奪走。在血腥的宮變中，開闢出自己的霸業。

當晚，王子職和江芈也未能逃脫厄運。

第二天，商臣詔告群臣楚成王暴病而亡。而他自己身為太子，自然成為新王，也就是歷史上的楚穆王。

據《史記．楚世家》記載：「太四十六年，初，成王將以商臣為太子。而後又欲立子職而絀太子商臣。商臣。冬十月，商臣以宮兵圍成王。成王請食熊蹯而死，不聽。丁未，成王自絞殺。商臣代立，是為穆王。」至此，楚成王的一生就畫上了句點。

從地獄快遞來的餅

（晉惠帝司馬衷（西元二五九年～西元三〇七年），在位十七年共用過十一個年號，是除了女皇武則天以外使用年號最多的皇帝，也是歷史上立儲最多的皇帝。司馬衷一生癡呆，短暫的皇帝生涯中，起初受到太傅楊駿的專權擺佈，後來楊駿被殺，大權又落到賈皇后手中。在八王之亂中，皇權又落到了皇叔趙王司馬倫手中。司馬倫即位後，又以太上皇之名將司馬衷囚禁在金墉城。後來被諸王輾轉挾持，西元三〇六年，東海王司馬越將他迎回洛陽。西元三〇七年，司馬衷去世。

▲　晉惠帝司馬衷

也許除了白癡以外，司馬衷並沒有給人們留下什麼特殊記憶。但他的爺爺司馬昭，父親司馬炎可都是歷史上當之無愧的霸主。按照今天的邏輯，司馬衷也算是個正經八百的官三代。

西元二五九年，夫人楊豔為司馬炎生下了第二個兒子。但由於他們第一個兒子早早夭折，這個兒子便成了司馬炎實際意義上的長子。按照古人的說法，這可是長子嫡孫，且母親也是嫡妻正室，司馬衷得天獨厚的優勢自然不必多說。

司馬炎見到剛出生的小司馬衷時，有多喜悅不必多說，大概當即就對髮妻承諾一定好好培養這個兒子，將來好繼承司馬家的事業。

可是隨著小司馬衷漸漸長大，已登上皇位的司馬炎開始覺得不對勁了。雖然司馬衷有鼻子、有眼睛，模樣看著與常人無異，但說話、辦事卻沒一樣正常，彷彿天生大腦裡就缺少主管思維的那部分組織。於是，司馬炎見人就問這孩子是不是有問題，隨從的小太監每天只顧著拍司馬炎的馬屁，肯定不敢說實話，也就奉承著回司馬炎說：「小孩子都是這樣。」

司馬炎問也沒問出結果，司馬衷畢竟是將來要繼承皇位的人，何況楊豔現在已是一國之母，不立司馬衷做太子在皇后那裡說不過去，但萬一司馬衷真是個傻子，司馬家辛辛苦苦奪來的皇位不就毀了。

司馬炎越想越急，到了晚上把司馬衷是傻子這話與楊皇后一說，誰知楊皇后急了。畢竟是十月懷胎生出來的親兒子，就算是真傻也不能讓親爹把這話說出來。楊皇后一哭二鬧地和司馬炎說：「這孩子畢竟是嫡長子，你貴為君主之前說過的話怎麼能不算數。何況你看這孩子，每天餓了知道吃，渴了知道喝，也知道自己姓什名誰，怎麼能說他傻，你這當爹的不是嫌棄自家兒子嗎？」司馬炎被楊皇后說得慚愧，便跟皇后保證自己對兒子還會一如既往地疼愛。

楊皇后聽到之後還是不開心，口說無憑，我憑什麼信你。而大概當時司馬炎腦子發熱，被楊皇后的偉大母愛一激發，當即寫了詔書立司馬衷為太子。

可是司馬衷腦子先天不足，這是怎麼也藏不住的事。眼看別人家同齡的孩子先背完《三字經》，又開始唸《論語》，時間久了，司馬衷差的可就不是一點半點。司馬炎想要廢掉太子的心思開始漸漸萌芽。

這樣的大事自然還得和楊皇后商量，不過此楊皇后已非彼楊皇后。生司馬衷的楊皇后楊豔已在司馬衷十六歲的時候病逝，但這樣一個萬分憐憫兒子的母親，離世之前必然放心不下司馬衷，於是便哭求著司馬炎立自己的堂妹楊芷為新皇后。看到陪伴自己的髮妻臨死前還哭成淚人，司馬炎必然是什麼都要答應的。就這樣，楊芷成了第二個楊皇后。

司馬炎去找楊芷商量廢太子的事，楊芷一聽，立刻搖頭說自古都是立嫡不立賢，司馬衷愚鈍可以慢慢教，但破壞祖宗規矩就不好了。楊芷連祖宗家法都搬出來了，司馬炎這下再也說不出話了。

在廢不廢司馬衷這件事上，司馬炎心裡始終猶豫。有天司馬炎心血來潮派太監送來一卷公文給司馬衷處理，太子妃賈氏馬上找來太監起草了答卷，司馬炎看過以後，雖然答得簡單粗俗，但也是有理有據，也就覺得司馬衷還是有進步的。

司馬衷終於在西元二九〇年四月登上皇位，改元永熙，為晉惠帝，賈氏立為皇后。太尉楊駿為太傅，輔政。司馬衷當了皇帝，仍然愚頑懵懂，已是三十三歲的人了，最喜歡的卻還是與太監一起唆狗打架，鬥蟋蟀。玩到盡興，甚至口水直流。當時，趕上饑荒，百姓食不果腹，啃樹皮吃雜草，甚至人吃人的也有。惠帝聽到大臣的稟報時，卻隨口說道：「為什麼不吃肉粥，幹嘛吃草？」

有一次，惠帝帶隨從遊華林園，正是黃昏，池塘傳來一片青蛙的叫聲。惠帝問道：「這亂叫的青蛙，是公家的？還是私家的？」一位太監答道：「在官地的就是公家的，在私地的就是私家的。」說完，惠帝與隨從都哈哈大笑，十分開心。司馬衷的愚頑可見一斑。

趕上亂世，當朝君主又癡傻愚鈍，司馬衷難免淪為各方勢力奪權的傀儡。先是外公楊駿專政，後到賈后奪權，司馬衷始終在懵懂無知中被人玩弄。

永寧元年（西元三〇一年）正月，司馬倫逼迫司馬衷禪位，居然自己當起皇帝，將惠帝囚禁在金墉城。此舉引起齊王司馬冏的反對，他聯合眾王一起聲討司馬倫。參加這場混戰的有趙王司馬倫、齊王司馬冏、成都王司馬穎、河間王司馬顒、長沙王司馬乂、東海王司馬越。加上被殺的汝南王司馬亮、楚王司馬瑋，一共有八個諸侯王，史稱「八王之亂」。這場禍亂長達十六年，使朝廷元氣大傷，更使生靈塗炭。

傻乎乎的司馬衷雖然沒能變得聰明，但在司馬倫失勢以後，眾諸侯還是擁立司馬衷復位。

後來，在成都王司馬穎與東海王司馬越兩方軍隊的混戰中，跟在司馬衷身邊的百官隨從全都跑了，司馬衷臉上連中三箭，只有老臣嵇紹拼死上車護著惠帝。亂兵到了，惠帝大喊：「這是忠臣，你們不要害他。」

亂兵卻說：「我們奉皇太弟（成都王司馬穎）的命令，只不傷害陛下一人。」結果嵇紹死在亂刀之下，他的血濺到了皇帝衣服上。後來司馬衷到了安全的地方，侍從們要把血跡洗掉。

司馬衷卻說：「這是嵇侍中的血啊！為什麼要洗呢？」這話說得實在是入情入理。不得不說，司馬衷這句話，算是當時最有人性的一句話了。後來文天祥在《正氣歌》裡也曾特地提出「為嵇侍中血」。

西元三〇六年，司馬衷終於回到了洛陽，卻又成了東海王司馬越的傀儡。經歷了十幾年的戰亂流離，司馬衷始終沒能逃過厄運。西元三〇七年一月八日夜裡，司馬越派人給司馬衷端去了一盤餅，晉惠帝司馬衷食餅以後暴斃而亡。終年四十八歲。

長達十六年之久的「八王之亂」，是西晉世族惡性發展的產物，也是封建統治階級兇惡、險毒、殘忍、腐朽本性的一次暴露。「八王之亂」使西晉剛恢復不久的社會經濟又遭到了新的破壞，人民又重新陷入了苦難的深淵。統治階級的互相廝殺最終也導致西晉王朝的滅亡。惠帝司馬衷一生受人擺佈，生在亂世，受盡流離之苦。如果司馬衷不是皇帝，而是一個普通人，即使愚鈍，他的一生應該也能平靜很多。身為一個皇帝，他的確有很多方面不及格。但他那句「嵇侍中血，勿浣。」實在是讓人動容。史家記錄至此，也不由得驚嘆一句：孰言惠帝憨愚哉！

一道聖旨引發的血案

北魏太祖道武皇帝拓跋珪（西元三七一年～西元四〇九年）是北魏開國皇帝，鮮卑族人。從小就有大志雄心，西元三八六年趁北方政局不穩、前秦滅亡之際，他代國稱王，改國號為「魏」，史稱「北魏」。即位初期，勵精圖治，擴張疆土。後期政權穩固後，沉迷酒色，剛愎自用，內部分裂，最後被他的兒子拓跋紹殺死。

歷史上總有一些皇帝因親生兒子迫切渴望皇位而被殺。也總有些皇帝祈望自己能夠長生不老，服食丹藥最終死亡。拓跋珪遭親生兒子殺害，卻是因為他亂用丹藥。

▲　北魏太祖道武皇帝拓跋珪

拓跋珪在建立北魏以後，開始信奉道教。他與秦始皇一樣，對長生不老有很強烈的追求，因此迷戀上了「仙丹」，妄想能夠永世長生。此時恰巧來了一個投其所好的道士，道士給了拓跋珪一本《福餌仙經》。拓跋珪得到此書後，如獲至寶，立即召集了一批專職人員煉製仙丹。他先用死囚來試藥，煉成以後，拓跋珪開始服用仙丹。

拓跋珪剛開始服用時，覺得身體強壯很多，而且渾身透出熱氣。其實，這所謂的仙丹實則就是「寒食散」，屬於壯陽藥的一種，有很強的副作用。這種東西吃多了就和現在有的人吸食大麻一樣，會上癮，同時對身體也有很大的損害。可是古代的醫療技術自然比不上現在，拓跋珪服完「仙丹」只覺得充滿了精氣，不服的話就會感到不安，久而久之，就形成了依賴。伴隨著拓跋珪對「仙丹」的依賴，以往勤政的好皇帝形象也蕩然無存，取而代之的是一個喜怒無常、疑神疑鬼、看誰不順眼就立即殺掉的昏君。

但至於拓跋珪為何最終被親子殺死，還要先從早年的一段插曲說起。

拓跋珪有一個很寵愛的妃子——賀蘭氏。賀蘭氏原本是拓跋珪母親的妹妹，拓跋珪在年輕時對賀蘭氏一見鍾情，雖然按照鮮卑的習俗迎娶自己的姨母不算太大的忌諱，但拓跋珪的母親卻不同意這門親事，她對拓跋珪說：「太美麗的女人，一定有不好的地方。何況她已經有丈夫了，你不能這麼做。」但拓跋珪當時鬼迷了心竅，只聽了後半句，暗地裡派人將賀蘭氏的丈夫殺死了，然後將賀蘭氏娶了回來。

不久賀蘭氏為拓跋珪生了一個兒子——拓跋紹。這個拓跋紹就是日後殺害拓跋珪的兇手。

拓跋珪年幼時被母親攜帶出逃，使他產生了很大的陰影。拓跋珪統治北魏以後，漸漸發覺後宮生母對帝王的影響很不利。於是認定立長子拓跋嗣做太子前，要先殺了拓跋嗣的生母——來自獨孤部的劉貴人。立子殺母的規定也就是從這時發展起來的。但拓跋嗣聽到以後就不同意了，而且大哭不止。拓跋珪一怒之下便命人召拓跋嗣進宮。拓跋珪此時已經被「仙丹」搞得很不正常，殺個人什麼的就和抓癢一樣。拓跋嗣身旁的宮人便提議不要進宮，要拓跋嗣先躲起來。

拓跋嗣失蹤以後，拓跋珪只好把皇太子的人選轉移到次子拓跋紹身上。但拓跋珪一向很寵愛賀夫人，現在為了立太子又必須把她殺死，想來想去也下不去手，恰巧又因一點小事與賀夫人發生了口角，於是，拓跋珪一怒之下命人將賀夫人關了起來。在巨大的精神壓力和良心譴責之下，拓跋珪的心理極度扭曲，終於神經錯亂了，每天都對著身邊的空氣喃喃自語，似乎親人們的冤魂都飄盪在他左右，他必須向他們解釋個不停。

被囚禁起來的賀夫人也不甘心坐著等死。情急之下，她託人帶信給兒子拓跋紹，讓他來解救自己。拓跋紹一接到消息立即帶上自己的私人衛隊連夜翻牆進宮，一直衝進了拓跋珪居住的天安殿。不得不說，當時年僅十六歲的拓跋紹真的很令人佩服。

拓跋珪從夢中醒來，甚至沒來得及尋找武器，就已經被拓跋紹的亂刀砍死了，終年只有三十九歲。出逃的拓跋嗣得知拓跋珪去世的消息後，反而連同弟弟拓跋烈將賀氏母子殺掉了，自己登上了帝位，並追諡拓跋珪為太祖宣武皇帝。葬於盛樂金陵，廟號太祖。西元四一〇年，改諡為道武帝。

北魏開國皇帝拓跋珪就這麼死了，死在自己親生兒子手裡，實在是有點窩囊。假使他不亂服丹藥，也不至於神經錯亂，嗜殺成性，就不會衍生出後來這麼多是非。拓跋珪一世英雄落得這麼一個結局，恐怕他自己也想不到。他母親賀太后說：「太美麗的女人，一定有不好的地方。」這句話竟成讖語，也許他不強娶賀蘭氏，也不會落得這個下場。所以為人君者，應守中正之道，行仁愛之政，做光明之事，不要像拓跋珪，英雄一世，叱吒風雲的大丈夫，最後落個死於非命的結果。

是託孤，還是害子？

廢帝高殷（西元五四五年～西元五六一年），北齊第二任皇帝，在位兩年。北齊文宣帝高洋的嫡長子。天保十年（西元五五九年）文宣帝去世，高殷即位，改元乾明。乾明元年（西元五六〇年）高演篡位，廢高殷為濟南王。皇建二年（西元五六一年），孝昭帝高演將高殷殺害，時年十七歲。

北齊王朝的歷史十分短暫，不算死後追授的神武皇帝高歡和文襄皇帝高澄，以及廢帝高殷的話，一共有四位皇帝：文宣皇帝高洋、孝昭皇帝高演、武成皇帝高湛、

▲　文宣帝高洋

後主高緯。前後存在不過二十七年。

北齊高家的皇帝有兩個共同點，即早死和家族性神經病。他們本是漢人卻時常以鮮卑人自居。廢帝高殷，可以說是高家裡難得的一個正常人。當然，不能排除他死的時候年紀尚輕，身體裡潛在的精神病因子還沒有顯露出來。

北齊先後的四位君主，都以荒淫縱慾、嗜殺殘暴聞名，這樣一來，崇尚儒學的高殷就顯得很與眾不同。但也是這樣的與眾不同，為他招來了殺身之禍。沒坐穩皇位就算了，到後來連個廟號都沒有。安心去做濟南王也算了，但最可憐的是他的叔父和祖母始終容不下自己。

西元五五九年，年僅三十歲的文宣帝高洋因飲酒過度去世了，高殷以皇太子的身分按照高洋的遺詔即位，時年十六歲。高殷本身性格十分敦厚、善良，即位以後勵精圖治，對民生極為關心，曾分派使者巡視各地，詢問政策得失，體察民間疾苦；整頓吏治，武官年過六十的都允許告老還鄉，軍事上淘汰老弱兵將，留下精壯部隊；還下詔減免徭役，減輕百姓負擔。他的一系列治國政策，使從高洋為政時期積弱下來的國勢漸漸得到了提升。可以說，假使高殷後來沒被他的叔父奪位殺害，而是一直統治下去，也許北齊不會滅亡得太早。但無奈自高殷祖父高歡起，高家就以權勢為傲，幾代相承，高家的男人早已形成對權力的渴望，導致高家政權在內部互相殘殺中糊裡糊塗地走向滅亡。

高家雖然都是漢人，但自高殷祖父高歡起就以鮮卑人自居，甚至輕蔑漢人，侮謾儒經。但高殷卻大相徑庭，他不僅從孩童時期就開始接受儒學教育，而且本身也對儒家有很深的情懷，是個儒化很深的少年皇帝。西元五五六年冬，高洋曾在鄴都（今臨漳鄴鎮一帶）宮廷舉行過一次儒經辯論會。當時年僅十二歲的高殷在眾多宿儒中，時而口若懸河闡發微言大義；時而四出詰難辯駁群儒，實在令人嘆服。但正是這種仁愛的態度，反而遭致了父親高洋的不滿。

在高殷十五歲時，高洋在金鳳臺以殺人取樂，並讓還是太子的高殷親自用刀砍殺犯人。雖然高殷十分不忍心，可是畢竟父命難違，只能戰戰兢兢拿起大刀朝犯人砍去，無奈高殷在殺人上實在沒有經驗，連砍了數刀也沒有砍掉犯人的腦袋。因此，高洋大怒，迎上前用馬鞭連抽了高殷三下。高殷被這麼一嚇，從此以後，心悸口吃，而且時常精神恍惚。

雖然高洋對這個兒子沒有好感，但他畢竟是李皇后生的嫡長子。這要說到高洋對李皇后的感情，雖然高洋平日會欺侮婦女，可是對李皇后始終恭敬。因此，高殷還是順利地繼承了皇位。也許高洋早有預感他的六弟高演會篡位，於是在臨終前特地囑咐高演好好照顧高殷。同時，高洋又下詔令尚書楊愔、尚書左僕射燕子獻等人輔佐幼主高殷。

不得不說，高洋實在是將自己的兒子往火坑裡推，甚至專程找來了高演、楊愔來做助推。在高殷支持下，楊愔準備透過全面的改革整頓政治秩序，加強皇權。為了以身效法、榜樣天下，楊愔首先奏請高殷免除他的開府封王爵賞，然後詔令全國七十歲以上的軍人授予名譽職位，六十歲以上的軍官以及重病不能勝任職位的，一律讓他們退休，並且大張旗鼓將那些無才無德，靠賄賂、奉承獲得官爵的人全部黜免。這場整頓使朝野為之譁然，那些被黜免下來的佞幸之徒心懷怨恨，紛紛投靠到二王（高演、高湛）手下，當時朝內親王權力很重，常山王高演、長廣王高湛和太皇太后三人，實際控制了北齊的軍政大權。高演一直忙於培植勢力，一旦羽毛豐滿就準備奪取皇位。此時楊愔過於急迫的改革，反而促使兩派矛盾朝白熱化發展。

西元五六〇年，兩派的矛盾終於爆發了。當時楊愔和高殷密議委任二王為刺史，意在架空親王勢力，加強皇權。在密議過程中，投靠哪一方便成了其餘親王權臣思考的首要大事。平秦王高歸彥最初站在姪兒高殷這邊，但經過一番權衡利害，又覺得高殷太年輕，實力不夠雄厚，於是背叛了高殷，轉而投靠高演。這一變戈，導致高殷、楊愔的密謀全部洩露給了二王。

二王勃然大怒，將計就計，利用去尚書省「拜職」赴任的機會，擁兵數千，在宴席上將楊愔等人當場拿下，拳杖交加，楊愔等人被打得血流滿面。二王披堅執銳，押著楊等人去見高殷。二王一路闖宮，侍衛大臣見此狀況，心知幼主已經無法依靠，便紛紛倒戈傾向。二王進入昭陽殿，向太皇太后列舉楊愔等人「罪狀」，太皇太后氣得大罵高殷母親李皇后：「我們鮮卑人難道還要受妳這個漢人老婦的擺佈！」李皇后趕忙在太皇太后面前謝罪。高殷倉猝不知所措，再說兵臨城下，太皇太后又站在二王那一邊，只能下詔封高演為大丞相，都督中外諸軍、錄尚書事、相府佐史進位一等。一切軍政大事由大丞相高演決斷。楊愔等人隨即也被斬首。

剛剛即位不過一年的高殷，因此匆匆結束了他的政治生涯。

西元五六〇年八月，高殷被太皇太后貶為濟南王，移居別宮。但西元五六一年，在平秦王高歸彥的慫恿下，高演還是派人殺掉了姪兒高殷。儘管高洋死前曾特地將高演叫到身旁，告訴他說：「假使日後你要奪我兒子的皇位，奪就奪吧！千萬不要殺他。」但最終事關皇位，高家的血脈親情，始終比不過對權勢的渴望。高殷死在了自己親叔叔手中，時年剛滿十七歲。葬於武寧，諡號閔悼王。

也許北齊王朝留給後世最深刻的印象就是殘暴淫亂的皇帝。在歷史上，雖然多數朝代以儒學為尊，但親人之間為爭權奪位互相殘殺並不少見。史書中對北齊高家政權的紀錄裡，將其比作「禽獸王朝」。但在《陳書》中對高殷卻有這樣一段記載：「溫裕開朗，有人君之度，貫綜經業，省覽時政，甚有美名。」不得不感嘆，早逝的高殷雖貴為皇子又兼備滿腹才華，卻生錯了朝代，可謂是天時地利人不和。

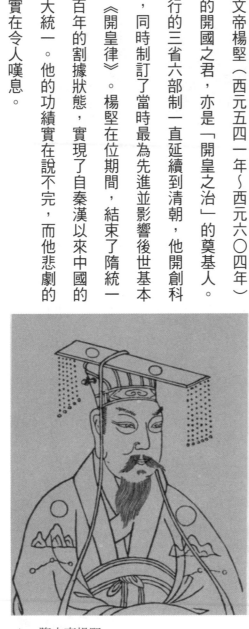

隋文帝的死亡真相！

隋文帝楊堅（西元五四一年～西元六〇四年）是隋朝的開國之君，亦是「開皇之治」的奠基人。由他實行的三省六部制一直延續到清朝，他開創科舉制度，同時制訂了當時最為先進並影響後世基本立法的《開皇律》。楊堅在位期間，結束了隋統一前近三百年的割據狀態，實現了自秦漢以來中國的又一次大統一。他的功績實在說不完，而他悲劇的晚年也實在令人嘆息。

▲ 隋文帝楊堅

說起短命的隋朝統治者，似乎都有一個共同點——好色。隋朝的政權演變也和女人有著千絲萬縷的關係。楊堅由專權而稱帝，不可否認，獨孤皇后的家族發揮了很重要的作用。楊堅怕老婆，這誰都知道，在誰來做太子這件事上，獨孤皇后的態度是有一定份量的。

楊勇是楊堅的長子，年幼的時候頗得父母疼愛，自然是會被立做太子的。但楊勇卻錯在不瞭解自己的母親。

獨孤皇后的專橫善妒，不僅表現在禁止楊堅與其他女人接近上，更直接的是她的思想很前衛，在當時就已經認同了一夫一妻制的觀念。而楊勇雖娶了太子妃，但卻並不寵愛，一年到頭也見不到幾次，反而夜夜留宿在妾室的寢宮。世上哪有不透風的牆，時間一久，獨孤皇后得知了，便開始對楊勇失望。

楊勇我行我素的行為漸漸也招致楊堅的不滿，可是楊勇自恃是皇太子，對楊堅的警告毫不在意，反而拉攏朋黨，逐漸結成一派新的勢力。西元五九八年冬至，楊勇甚至大張旗鼓的召集文武百官接受朝賀。這簡直就是在對楊堅示威！

而此時身為次子的晉王楊廣卻表現出了截然不同的態度。為了討獨孤皇后的歡心，楊廣不僅每天表現與王妃親密無間，更投楊堅所好，平日裡生活節儉樸素。當楊廣看到楊勇已近失勢，便拉攏張衡、楊素等人做為己用，　是為了在楊堅面前替自己說好話，另外便是在獨孤皇后那裡添油加醋訴說楊勇的惡劣行為。

就這樣，在楊勇的肆無忌憚和楊廣的挑撥離間下，楊堅終於做出了廢太子的決定。而楊廣終於如願以償得到了太子之位。

其實，楊勇再不好，廢楊勇立楊廣也實在不是一個明智的決定。楊勇為人雖然既好色又奢侈，但楊廣這個同母胞弟只能說有過之而無不及。楊廣勝就勝在與生俱來的表演天賦上。

楊堅到了晚年，獨孤皇后早已仙逝而去，身邊便多了陳夫人與蔡夫人陪伴。此時，朝廷日常的工作已全部交給了楊廣。楊堅想安度晚年卻並沒如願，西元六〇四年，六十四歲的楊堅突然生了一場大病。在正史的記載裡，楊堅便是因這場病去世的。但在《資治通鑑》中，卻有一段駭人聽聞的記載。

據說在楊堅病重時，命楊素、柳述、元嚴三個心腹大臣守在病榻前，而身為太子的楊廣則只能居住在大寶殿，且按照規定不能隨意見到楊堅。楊堅這邊身體一天不如一天，楊廣那裡又不能即時瞭解到楊堅的情況。這樣一來，楊廣可著了急，一邊盼著楊堅快點去跟閻王報到，自己好早點登上皇位，一邊又怕楊堅突然死了自己做不好萬全的準備。

思前想後，楊廣開始與楊素互通消息。楊素小到楊堅每天拉過幾次肚子都會仔細寫在信裡，再託心腹太監把信送給楊廣。有一天，楊堅的病情又開始時好時壞，守在御前的人都忙得不可開交，送信人一時慌亂將信送到了楊堅手上。大概是當天信裡問了一些楊堅病情的進展，以及日後登基要做的準備之類的事。楊堅看了自然大怒不已。

與此同時，楊廣又做了一件火上加油的事，這下更是讓楊堅氣急敗壞。有天陳夫人出門遇到了楊廣，也許是去解手，也許是閒著亂逛，反正是很巧地在一個沒什麼人的地方遇見了。楊廣此時好色的本質已經逐漸顯露出來，對陳夫人的美色也是垂涎許久。這一相遇，激起了楊廣的色心，多虧陳夫人頑力反抗，才不至於被楊廣得逞。

陳夫人匆匆跑回寢殿，正到了楊堅該吃藥的時間，躺在病床上的楊堅見到陳夫人不僅頭髮凌亂，而且臉上還有傷痕，心疼地問：「妳臉上的傷是怎麼回事？」

這一問可好，陳夫人馬上就哭了，邊哭邊說：「皇太子非禮我。」

楊堅一聽竟被自己兒子扣了綠帽子，當即龍顏大怒，一邊痛罵著楊廣，一邊傳召柳述、元嚴進宮要改換楊勇做太子。

但消息很快就傳到楊廣耳裡，楊廣索性一不做二不休，趁著手上還有禁衛軍兵權，便把柳述、元嚴在半路上給截住了，當即送到大理寺下獄。同時命楊素、張衡向楊堅進奉毒藥，又選用了三十個健壯的太監穿上宮女的服裝，每人衣袖下面都藏好一把匕首，立在宮內道路兩旁邊，不許任何人入內。名義上是「侍疾」，實際上卻是軟禁了楊堅。

而楊堅，在楊素等闖入寢殿後不久便傳出了病逝的消息。終年六十四歲。

楊堅雖成功地統一了分裂數百年的中國，但在教子上實在很不成功，致使辛苦建立的隋朝沒過兩代就滅亡了。正如《隋書‧高祖》中所記載：「惜哉！跡其衰怠之源，稽其亂亡之兆，起自高祖，成於煬帝，所由來遠矣，非一朝一夕。其不祀忽諸，未為不幸也。」只能說歷史的演變除了留下遺憾外，更多的便是教訓了。

隱藏在枕邊的危險

唐中宗李顯（西元六六五六年～西元七一〇年），父親是唐高宗李治，母親是歷史上著名的女皇武則天。李顯一生共做過兩次皇帝，前後時間總共只有五年半。在中國漫長的男權社會中，李顯很不幸地生活在歷史上那段短暫的女權社會。他的皇帝生涯因他的母親變得不幸，而更加不幸的是，他是被自己的皇后和親生女兒聯手毒害死的。

翻開厚重的中國歷史，上下五千年的政權都是被男人們牢牢掌握，唐中宗李顯則是個例外，他的一生始終

▲　唐中宗李顯葬於定陵

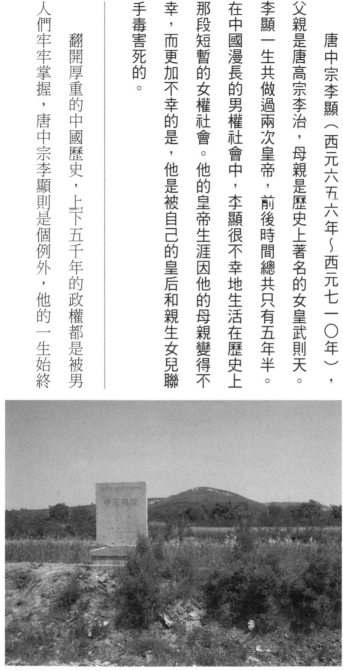

活在女人的陰影下。這個身為最高掌權者的皇帝，不說功過是非，單從身邊這些親近的女人來看，他的一生已充滿了傳奇色彩。

李顯是李治和武則天的第三個兒子，出生不久李治曾給他改名為「哲」，在他不足滿歲時封他做「周王」。

很明顯地，父親對李顯寄予了很大的期望，但李顯的治國才能和人格品行遠遠不及他的兩位哥哥。西元前六八〇年，李顯的二哥李賢因過被貶為庶人，而大哥李弘已經去世，因此皇太子的位置便落到了李顯身上。

高宗李治死去後，李顯繼位當了皇帝。但令年輕氣盛的李顯想不到的是，他的母親武則天對於權力的慾望早已大大的超過了他。武則天是高宗臨終旨意的合法垂政人，她很快便把李顯的皇帝權力架空了。從此李顯徹底成了自己母親的政治傀儡。

可是，身為皇太后的武則天顯然不滿足有實無名的權力，而此時庸弱無能的李顯恰好犯了一個不小不大的錯誤。

李顯當了皇帝，便想讓自己岳父、乳母的家人都配上個一官半職。皇帝提拔岳父自古以來有許多先例，可要提拔乳母的兒子這就很說不過去了，而且由於剛提升過岳父，轉眼立即再提升其他人顯得太快了。這個想法很快被中書令所否定了，雖然說中書令的地位相當於宰相，但李顯畢竟是皇帝，全天下都是他家的，被一個大臣給否定，他的皇帝面子可謂是一掃盡無。這時候，中宗李顯不能忍了，當即氣憤地說了一句令他後悔莫及的話：「這天下是我的，就算我把天下都給了他又能怎樣，何況才是一個小官。」

此時，裴炎見李顯如此剛愎自用，便跑去武則天那裡告狀。武則天馬上將眾大臣召集到了乾元殿，羽林將軍程務挺等人也帶兵入宮。這次緊急集合可不只是為了訓斥中宗這麼簡單，武則天要藉機宣布廢黜中宗的命令。到了這時，中宗仍不明白母親的野心，反而不服氣地問：「我犯了什麼罪？」

武則天當然有她的理由，於是說：「你想把天下交給別人，這難道是小罪嗎？」

就這樣，中宗的第一次即位不滿兩個月就草草收場了。好在被廢的中宗沒有落到他兩位哥哥的下場，只是貶做廬陵王，搬到了均州，過著軟禁一般的生活。

年輕的李顯被廢以後，有很多事想不明白，更不明白的是武則天竟然自己做起了皇帝。在李顯最鬱悶的時候，妻子韋皇后的安慰和開導發揮了重要的作用。

不難想到，被廢的李顯對韋皇后何等依賴，當初被廢是因為口出亂語說出「假如韋皇后的父親願意，可以將天下給他」，因此，日後被韋皇后管制著也是很正常的事。當李顯第二次被召回皇宮時，雖然他的母親武則天已經去世了。韋皇后在目睹武則天做皇帝，擁有至高無上的權勢後，也燃起了對權力的渴望。有了武則天打破男權統治的先例，李顯的女兒安樂公主對權力的渴望也在內心中蠢蠢欲動。

受慣了韋皇后管制的李顯，無異於成了第二個李治，重新回到他手裡的權力也自然地轉入韋皇后手裡。

在韋皇后的安排下，中央政府機構很快被韋氏家族控制，為了鞏固地位，韋皇后還和武三思勾搭成奸，將更多的權力轉移到武三思手裡。

中宗時期，韋皇后和安樂公主將勢力發展到了極致，李顯對韋皇后的肆意妄為視而不見，甚至會站在一邊看著武三思和韋皇后在床上下棋。李顯連君臣之禮都無法保持，可見他的可憐地位。

但李顯的庸弱並沒有為他帶來一生的平安，最終還是死在了韋皇后手裡。

《資治通鑑》記載，西元七一〇年五月，許州司兵參軍偃師燕欽融上奏說：「皇后淫亂，干預國政，宗族強盛；安樂公主、武延秀等意圖危害社稷。」有人狀告皇后淫亂，公主、駙馬和大臣謀逆造反，李顯的脾氣再好也忍無可忍了。李顯把告狀人燕欽融找來當面盤問，大義凜然的燕欽融將韋皇后等人的罪狀詳詳細細說了一遍。

其實，韋皇后淫亂宮闈的事情早已是人盡皆知，連李顯自己也覺得挺沒面子。雖然李顯仍舊沒有追究韋皇后，但是表現出了超乎尋常的憤怒。

被燕欽融這麼一鬧，韋皇后和她的黨羽開始擔心起來。李顯再不濟，也是皇帝，地位最高。韋皇后日夜憂懼，怕李顯追究她與情人楊均和馬秦客私通的事，而想做皇太女的安樂公主又想讓韋皇后效仿武則天做皇帝。在權力的誘惑下，李顯自然變成了絆腳石。

於是，母女兩人便密謀殺害李顯。韋皇后知道唐中宗一向喜歡吃餅，便讓自己的情夫馬秦客配置了毒藥，她再親自將毒藥拌入餅中，蒸熟以後，命令宮女送到李顯處理政務的神龍殿。據說當時李顯正在翻閱奏章，見餅送來，隨手抓來就吃了。沒過多久，餅中的毒藥發揮了作用，李顯只感覺腹痛難耐，整個人撲倒在榻上四處亂滾。貼身的太監見此狀況，急忙跑去報告韋皇后。韋皇后自然心知肚明，故意磨蹭，拖了許久才趕過去，而見到李顯痛苦的樣子，只是假意問怎麼了，沒過多久李顯便死在長安宮中的臥榻上。終年五十五歲，葬於定陵。

按照《唐書》和《資治通鑑》的記載，唐中宗李顯是被毒死的。無論如何，唐中宗的死，對當時的唐朝來說又是一場浩劫，而後衍生出來的權力紛爭使韋皇后和安樂公主的女皇夢破滅了，在李隆基取得政權後，迎來了唐朝新的歷史——「開元之治」。

病逝前趕來的刺客

梁太祖朱溫（西元八五二年～西元九一二年）出身於一個破落的秀才家庭，早年喪父，與母親一起受傭於人，過著貧苦的生活。西元八七七年，朱溫參加黃巢起義，屢立戰功。朱溫發跡後轉投於唐朝政權。西元九〇七年，朱溫廢掉了唐朝末代皇帝哀帝，自行稱帝，改名朱晃，建都汴，國號大梁，史稱「後梁」。自此唐朝結束了兩百八十九年的統治，中國進入五代十國時期。

▲ 梁太祖朱溫

在古代，當皇帝的縱意聲色本無可厚非，霸佔自己兒媳婦亂倫的也不是沒有先例，但讓人吃驚的是，朱溫家的兒子們對父親的亂倫不但不感到羞恥，反而利用妻子在父親床前爭寵，討好朱溫，以求將來繼承皇位。父子這種醜聞，在歷史上可謂獨一無二。看來朱溫這個流氓皇帝，平日只顧自己玩樂，對兒子的教育實在做得不好。

朱溫並不是從一開始就如此荒淫，他的髮妻張氏在世時，朱溫對張氏存有忌憚，在女色方面還是很收斂的。我們可考證到朱溫開始放縱淫逸，不時找兒媳進宮服侍的時間，是西元九〇四年張氏過世以後。

不管怎麼說，朱溫的荒淫行徑，即使在封建帝王中也是罕有。

不過，身為皇帝，不管多麼淫亂，也要抽空考慮立儲的事情。朱溫的子女有很多，但立儲上他反倒更偏愛養子朱友文。這種不把皇位傳給親生兒子的行為，在今天看起來也不免令人覺得異常。也許朱友文好命就好在他的妻子王氏姿色出眾，比其他皇子的妻子要美上幾倍，被色蟲洗過腦的朱溫一見到王氏便不能自持。朱溫對兒媳王氏的喜愛自不用多說。因此朱友文在皇儲這件事上明顯佔了上風。

但朱溫的二子朱友珪始終都是個具有威脅力的人。

朱友珪的母親原本只是亳州的一個妓女。那時朱溫還只是個行軍打仗的普通武將，恰巧行軍到亳州，對此女子一見鍾情。不久，這個女人便有了身孕。但朱溫素來對他的原配張氏敬畏三分，於是將朱友珪的母親丟在了亳州，直到朱友珪出生，朱溫聽說是生兒子，才說服張氏將母子二人接到了身邊。

朱溫對養子朱友文的重視，引起了親生兒子朱友珪的不滿。而朱溫寵愛朱友文妻子王氏，也難免會在枕席之間對王氏做出些傳位於朱友文的承諾。但朱友珪的妻子張氏也常常陪朱溫睡覺，這讓野心頗大的朱友珪心理如何平衡。

後來，朱溫開始生病，知道自己將不久於人世，便命王氏去汴州召回朱友文，以便委託後事。當時朱友珪的妻子張氏恰巧在場，於是立即出宮將此事報告朱友珪，催他盡早採取行動。得知了這一消息，朱友珪也覺得形勢緊急，於是和左右心腹密謀篡權之事。

西元九一二年六月一日，宮中忽然下詔書，貶朱友珪為蔡州刺史。按照當時慣例，但凡被貶之人，大多數會在中途被賜死。朱友珪雖然貴為皇子，但有朱溫這麼個荒誕的皇帝，皇子的身分不見得能使自己受到優待。因此，篡位大計更加迫上眉睫。六月三日，朱友珪潛入禁軍，將計畫告知了禁軍統領韓勳，韓勳總見到有功的大臣因為雞毛蒜皮的小事被朱溫殺掉，對自己的性命一直存有憂慮，當朱友珪請求他幫忙打倒朱溫時，韓勳二話不說就答應了。

有了同盟的夥伴，當晚朱友珪便利用他掌握的宮廷衛隊發動政變，連夜突擊殺進朱溫的寢殿。此時侍奉在朱溫身邊的人早已嚇得不知所蹤，朱溫強撐著問：「是誰反了？」

朱友珪回答：「不是別人，正是你想除掉的兒子。」

朱溫見此，脫口大罵：「我早就懷疑你不是東西，可惜沒有殺了你。你背叛父親，如此大逆不道，天地也會容不下你！」

朱友珪反都反了，當然不會示弱，回罵道：「老賊你篡了大唐的皇位，就有天理？你罪大惡極，本該碎屍萬段！」在父子二人撕破臉皮的對罵中，朱友珪的隨從馮廷諤一刀刺進朱溫腹中，刀尖直接從後背穿出。

朱溫死後，朱友珪用破舊的毛毯氈將朱溫屍首裹住，埋在了寢殿的地下。同時又派人去汴州除掉朱友文。沒過多久，朱友珪便稱朱友文病死，自己登上了皇位。

朱友珪殺父繼位這事始終是瞞不下去。他的行為，令朱溫髮妻張氏所生的朱友貞看不下去了，何況朱友珪又是嫡出。於是朱友貞打起了「除兇逆，復大仇」的旗號，聯合魏博節度使楊師厚向朱友珪興師問罪。在楊師厚的幫助下，朱友貞得到宮中禁軍的配合，最後殺死朱友珪，奪取了皇位。在五代，他是透過兵變奪取皇位的第一人，也算是為以後的兵變提供了效仿的先例！

雖然朱溫建立的後粱只存在了十七年，但還是五代中歷年最長的一個國家。像朱溫這樣的人，在歷史上並不少見，他們生逢亂世，社會的壓迫使得他們大顯身手，可謂是時勢造英雄。假使這樣的人生在太平盛世，也許只是為人輕賤的市井流氓。正是如此，當朱溫投身到混戰爭霸的洪流中，狡詐立即變成了智謀，使得他在險惡的環境中屢屢獲勝，直至最後成全了他的帝業。但也正是他從下層階級最終變成一國之君的經歷，使得他在位期間過於自滿，變得更加嗜殺荒淫。有這樣的人生，不知道算不算是亂世的錯？

立錯皇后惹來的殺身之禍

夏景宗李元昊（西元一〇〇三年～西元一〇四八年），西夏開國皇帝，黨項族人，西元一〇三八年十一月十日自立為帝，脫離宋朝，國號「大夏」，亦稱西夏，定都興慶府。一生功勳卓著，奠定了西夏在宋、遼之間的地位。晚年沉迷酒色，好大喜功，暴躁嗜殺，最終被其子寧令哥所弒，死後葬於泰陵。諡武烈皇帝，廟號景宗。

▲ 夏景宗李元昊

一千多年前的那天，大概是個黃葉飄飄的秋日，或許那天有風，天空上飄著朵朵白雲，西夏的開國皇帝李元昊終於告別了歷史舞臺。短短的十年皇帝生涯，與他建立西夏的過程相比實在太微不足道。

是不是當上皇帝就能為所欲為，想娶誰都可以？李元昊用自己的性命證實了這是個謬論。

事情的起因當然是要從女人說起，一個美麗的女人——沒移俐瑪。

年輕的沒移氏性格活潑，美豔無比，也許是在宮廷宴會，也許是在野外獵場，沒移氏和西夏太子寧令哥相遇了。男才女貌，說起來也算是佳偶天成。很快兩個人便成了親。但新婚的沒移氏卻只當了短暫的太子妃，原因還得算到寧令哥的父親——李元昊頭上。

當時四十多歲的李元昊已經換過七個老婆，而且在外面還與一位守寡的「沒藏大師」勾搭不清，兩人甚至連兒子都生了。儘管如此，也沒能滿足李元昊荒淫的本性，他看中了自己的兒媳沒移氏。

李元昊對沒移氏動了心思，也沒和自己的兒子講什麼虛禮，更不顧後人會不會恥笑，直接付諸行動，將沒移氏搶進了皇宮。李元昊的髮妻野利皇后跟隨他二十多年，卻只能住在故居，而沒移氏後來居上，直接被安排到天都山離宮。而且，野利皇后是寧令哥的生母，沒移氏原本是自己的兒媳，現在卻成了自己丈夫的新寵，野利皇后這一次怎麼也忍不下去了，新仇舊恨同時發作，與李元昊大吵了一架。

至於野利皇后為什麼恨李元昊，這又要講到與李元昊苟且的「沒藏大師」。這位沒藏大師出家前原本是野利皇后的哥哥野利遇乞的妻子，但因為李元昊看中了沒藏氏，遂誣陷野利遇乞投奔宋朝，腰斬了野利遇乞。之後為防止野利家族報復，故又捏造了其他緣由將野利皇后其他的哥哥都殺了。

野利皇后本來對李元昊殺害自己的哥哥感到不平，又見李元昊和自己的嫂嫂沒藏氏勾搭在一起，更是不滿。這一次李元昊竟然又將色心投到了自己兒媳身上。

但野利皇后卻忘了，李元昊是連自己的母親都殺的人。她這一鬧，李元昊索性將野利皇后廢掉，轉而冊封沒移氏為西夏國的新皇后。

這時候，寧令哥終於忍無可忍。只要一想到自己的親生母親被李元昊廢掉，而自己的新婚妻子又被李元昊霸佔，寧令哥心中便滿是怒火。

在一把火快要燒起來時，一定要有推波助瀾的人，這個人即是國師沒藏訛龐。沒藏訛龐告訴寧令哥：「只要你殺掉你的父親，我們大家就會擁立你做新的西夏君主。」

寧令哥已經被憤怒燒掉理智，竟然忘了沒藏訛龐是沒藏氏的哥哥，對沒藏訛龐的話信以為真，決定鋌而走險。

西元一〇四八年一月十五日，寧令哥找來了母親娘家的野利浪烈，兩個人拎著大刀便闖進了李元昊的寢宮。野利浪烈在與衛兵的搏鬥中被殺死，而寧令哥則一路闖到內宮。此時李元昊已經喝得酩酊大醉，見到自己的兒子拎著大刀竟不知呼叫，立刻被兒子一刀削掉了鼻子。李元昊感到疼痛，大驚之下才想起來閃躲。

皇宮內發生了闖宮，不久即引來了眾人，寧令哥年輕莽撞，看見李元昊整張臉上全是鮮血，心中一慌，扔下刀就跑出了後宮。這位殘暴的西夏王數年來割掉無數遼人的鼻子，想不到有一天自己的鼻子會被親生兒子割去。

寧令哥依照計畫跑去國師沒藏訛龐家躲藏，沒想到沒藏訛龐不但沒有按照承諾收留他，反而立即召來侍衛逮捕了他。更以「弒君罪」殺掉了太子寧令哥和他的母親——已被廢掉的野利皇后。

驚氣交加的李元昊在第二天鼻創發作，最終也一命嗚呼，終年四十六歲。

此時朝政大局已被國師沒藏訛龐控制。李元昊一生共有六個兒子，其中三位皇子被李元昊自己殺害，一位皇子早早夭折，此時皇太子寧令哥又被沒藏兄妹以「弒君罪」殺害，能夠接掌朝政重任的只有沒藏氏生的不滿一歲的小兒李諒祚，也就是後來西夏的第二任皇帝——夏毅宗。而沒藏氏也順理成章登上了太后的寶座。

李元昊做皇帝的十幾年中，荒淫暴虐，有疑必誅，是十足的暴君。然而據史家記載：李元昊少年時身型魁梧，而且勤奮好學，手不釋卷，尤好法律和兵書。通漢、蕃語言，精繪畫，多才多藝。其父在位時，已經不斷對外出戰，擴大勢力。可見年輕時的李元昊算是一個才學極佳、能文能武的青年。至於後來為什麼性情大變，誰也找不到相關的史料。像李元昊這樣當上皇帝後性情大變的人在歷史上數不勝數，也不知是本性如此，還是帝王的寶座充滿太多誘惑，無法禁受。

好心下的陰謀

元明宗孛兒只斤．和世㻋（西元一三〇〇年～西元一三二九年），元朝第十一位皇帝。西元一三二九年，透過兩都之爭上臺的元文宗圖帖木兒因為要實現自己的諾言，將已經流亡察合臺的哥哥和世㻋迎回，視為明宗。明宗上臺僅一個月就暴斃而亡，權力又落回圖帖木兒手中，史稱「天曆之變」。

▲ 元明宗孛兒只斤．和世㻋

在元朝第六位皇帝泰定帝死後，一時間各藩王都陷入爭奪皇權的鬥爭。在「兩都之爭」之後，元文宗圖帖木兒的政權得到鞏固。但好不容易奪來帝位的元文宗卻忽然生出禪讓的想法，他特地派使者請自己被流放的親哥哥周王和世瑓回來即位。

元文宗在做這個決定時，某種程度上也是真心誠意的。當初元文宗在登基大典上，就曾表示：「希望兄長能來接受皇位，圓了我讓位的心願。」那個時候，元文宗說這種話，並不像是在演戲，反而能看出幾分「真心」。

「兩都之爭」中，元文宗從泰定帝屬意的皇儲人選——阿速吉八手中奪得了政權。但在各方諸王的勢力影響下，蒙古不少行省將元文宗的勢力視為叛逆政權，同時，還有不少人處於觀望中。元文宗雖然搶佔了先機，但沒有嫡長子的身分，他的皇位一直都不穩固，畢竟得位不正。他此時提出將皇位退讓給具備嫡子身分的兄弟，不僅可以穩住己方的陣營和人心，更能平息眾人的議論。於是，元文宗派出了使臣，迎接這個被流放到邊境的哥哥回大都「登基」。

這時，元文宗的政治手法已經初現端倪，誰說漢民族以外的華夏子孫就五大三粗、頭腦簡單呢？中國政治謀略之成熟自古以來堪稱世界之最，這話一點都不誇張。

當時，身為周王的和世瑓心裡有很大的顧慮，於是許久都不肯動身。史書上說，當時諸王都勸和世瑓南下去京師。這些宗王都是多年追隨他的人，對周王也是真心真意，看到周王辛苦隱忍多年，終於出現轉機，便力勸周王回去繼位。另一邊，元文宗為表真心不停地找使者請周王回去。終於，和世㻋被元文宗過分的熱情和諸王過度的期望推上了光芒奪目的「不歸路」，起駕往大都方向走。行至金山，見一路宗王、大臣們當真相繼來迎，和世㻋也就漸漸放寬心，派舊臣孛羅為使臣去大都。

兩京人民得知和世㻋真的要來了，夾道歡呼鼓舞，諸王和舊臣爭先恐後跑來迎接，此情此景，使經歷過奪位之爭的元文宗和燕帖木兒十分不舒服。剛剛禪位文宗馬上就後悔了，從被別人千呼萬歲變成了親王，巨大的落差使他對於自己禪讓行動追悔莫及。他想把皇帝的寶座奪回來，但是已經詔告天下，又不好公開反悔，於是祕密除掉元明宗的計畫便開始醞釀了。這時元文宗的權力慾望完全把兄弟之情擊退了。

西元一三二九年正月，和世㻋在和林匆忙即位，正式成為元明宗。雖然對外宣稱是為了盡快安穩山河，但這小動作說穿了還是對元文宗沒完全放心，因此才不回大都而在蒙古舊都和林即位。

小心駛得萬年船，這話本來很有道理。可惜的是元明宗把謹慎用錯了地方，剛剛稱帝便立即擺出大哥架勢，派使臣對在大都的弟弟元文宗說：「老弟你聽政之暇，應該親近士大夫，深習古今治亂得失，不要荒廢時間。」言者可能無心，聽者絕對有意，元文宗對這種教訓的口吻非常不舒服。當然，心中不舒服，表面上的事情一定要做。

元文宗遣燕帖木兒等人率大隊人馬，北來向元明宗奉上皇帝的幾套玉璽，以示真正讓位之心。

這一招很管用，元明宗完全鬆懈下來。當然，他也不傻，對燕帖木兒等人表示：「你們回去告訴大家，凡是京師朕弟所任百官，朕仍用之，不必自疑。」

燕帖木兒更不傻，他反試探元明宗：「陛下君臨萬方，國家大事所繫者，中書省、樞密院、御史臺而已，宜擇人居之。」元明宗得意忘形，忘了自己剛才所說的襲用元文宗所任百官的話，馬上下詔委派父親武宗舊臣與跟隨自己多年的孛羅等人分別進入中書省、樞密院和御史臺。此時，老謀深算的燕帖木兒已經心中有數，只是不動聲色而已。

經過周密的佈置，西元一三二九年八月四日，元文宗與元明宗在上都附近的旺忽察都（在今天河北省張北縣北）見面。相較雙方力量，元明宗只有不到兩千人的隨從，元文宗為「迎接」大哥帶來三萬多人的勁卒。兄弟二人相見之時，肯定是「相談甚歡」。四天後，剛剛三十歲且身強力壯的元明宗就一夜「暴崩」，史稱「天曆之變」。

元明宗死後，元文宗重新做回了皇帝。雖然他隱瞞了元明宗的死亡真相，對外宣稱暴病而亡，但從流傳下來的史料不難看出，元明宗的死與元文宗、燕帖木兒不無關係。有的史書記載燕帖木兒讓太醫院史也里牙下毒毒死元明宗。也里牙是權臣鐵木迭兒女婿。鐵木迭兒曾將元明宗流放雲南，出於報復，元明宗下詔把他的兒子外流。也里牙做為權臣的女婿，肯定心中生懼，很有可能受人指使下毒。還有一種說法，元文宗趁元明宗酒醉，帶著人衝進寢殿將其殺害。無論用的是什麼方法，都無法掩藏元文宗奪位弒兄的事實，手足之情又一次被奪位陰謀徹底粉碎。

歷史上，因奪位而手足相殘的事件不在少數，大概處於政治權力中心的人雙眼只能看到慾望。元文宗臨死時將皇位傳給了元明宗的兒子，也許是出於愧疚想要彌補。即使過了千年，史書裡仍會記下當初發生的事情。對於古人功過評價，只能留給更多的後世去判斷了。

叔姪大戰，鹿死誰手？

明惠帝朱允炆（西元一三七七年～？），西元一三九八年～西元一四〇二年在位，年號「建文」。西元一三九九年，建文帝的皇叔燕王朱棣以「清君側」為名發動了叛亂，史稱「靖難之變」。在這場戰役中，在位僅四年的建文帝不知所終，也因此戰役，明成祖朱棣開始了他的皇帝生涯。

▲ 明太祖朱元璋

明朝的第二位皇帝朱允炆幼時就聰慧、仁愛，據說深得祖父朱元璋喜愛。他的父親朱標死後，朱元璋對這個幼年喪父的孫子更是疼愛。同時，因為朱允炆是朱標嫡子，不足十五歲時就被立為儲君。雖然當時朱元璋對四兒子朱棣的軍事才能頗有好感，但為了王朝的利益，朱元璋仍選擇了朱允炆接掌國家。

西元一三九八年六月三十日，朱元璋駕崩幾天後，建文帝朱允炆在南京即位，時年剛滿二十一歲。年輕的建文帝書生氣十足且溫文爾雅。這位接受過儒家教育的皇帝性格溫順，與雄才大略的祖父相比，他把更多心思放到了民生上。為更好的實行仁政，建文帝提拔了齊泰、黃子澄等人做行政要臣。在此期間，他發起了大量政治上和制度上的改革，這些改革不僅背離了他祖父的執政觀念，更觸動了各地方藩王的利益，為他日後招致了災難性的後果。

建文帝繼位幾個月後，便已經考慮到了自古以來困擾各位皇帝的中央集權問題。建文帝為增強自己的權力，同時削弱諸王的權力，利用或有或無的罪名對那些較弱的藩王採取激烈的行動。周王朱柏成了這場政治鬥爭的第一個犧牲者，接著代王朱桂、湘王朱柏、齊王朱榑以及岷王朱楩也垮了下來。一年之內五個藩王相繼被廢，一直以來實力最強的燕王朱棣無疑變成眾矢之的。

朝廷對燕王的勢力也頗為忌憚，始終都在斟酌對策，五位藩王相繼倒臺之後，先暫停了對藩王的打壓。這樣一來，卻為朱棣集結部隊和密謀造反留出了準備時間。此時，朝廷與燕王之間的矛盾已在稅收政策等問題上露出了端倪。建文朝廷已經深深地捲入了和燕王對陣的軍事行動之中。

真正的敵對行動爆發於西元一三九九年七月末，當時有個忠於建文帝的大臣抓住了燕王藩國兩名下等官員的把柄，並把他們送往南京以煽惑罪處死。這件事情便成了燕王發動政變的藉口，他利用這個機會以清除朝廷裡的奸佞官員為名，在八月五日向鄰近幾個州縣發動軍事進攻。這場被粉飾成「靖難」的戰爭就這樣打響了。

朱棣為自己的叛亂策劃了辯解的文告，這位一心想做皇帝的藩王，先是對百姓宣稱他的行動是為了終止內亂，後來又聲討建文帝背棄洪武帝的祖訓毀壞宮室，並隱瞞朱元璋的病情。不僅如此，他還將齊泰、黃子澄等一眾忠臣指為奸佞朋黨，指責他們蠱惑建文帝對諸皇子進行迫害。

朱棣在自辯中說，他所採取的行動均為正當的自衛，一定要除去皇帝身邊的奸臣賊子，恢復太祖皇帝的法律和制度。更甚者，朱棣自導自演將自己的身分定義為馬皇后所生的最年長的健在兒子，他有責任和義務清除小人。

這場戰爭歷時三年，西元一四〇二年七月十三日，燕王朱棣終於如願以償闖進了皇宮。但朱棣卻並沒有見到他的姪子朱允炆，迎接他的只是皇宮大院的一場熊熊烈火。據《明史．成祖本紀》記載，當時都城陷落，宮中燃起大火，建文帝不知所蹤，燕王派人從火中搜出了屍體，是不是建文帝的誰也不敢說，也就是說，建文帝到底是死是活成了一個謎。

於是，建文帝不死之說在市井間廣泛流傳。有傳聞說：城破當日，後宮一片混亂，建文帝看到此景只覺手足無措。此時，少監王鉞稟告建文帝說：「太祖皇帝臨終時，給你留下一個錦盒要我在你大難臨頭時交給你。我一直把它收藏在奉先殿內。」建文帝一聽事情還有轉機，便立即命隨從去取，打開一看，裡面有三張度牒，還有三件僧袍，一把剃頭刀，白金十錠和一封遺書，書中寫明：「朱允炆從鬼門出，其他人從靈水關出，傍晚在神樂觀西房會集。」

建文帝接過僧袍只能嘆息：「天命如此！」

但究竟有沒有地道可供建文帝出逃，一直無法證實，我們所知道的，也只是在西元一九七八年，太平門裡一家南京工廠要建新樓，在挖地基時挖出了一條古地道。地道高約二．五米，寬約二米，位置就靠近原來的明皇宮，如果做為當時建文帝出逃的地道是完全可以的。

而在坊間傳言中，也多是建文帝流落民間，相傳他主要居住、往來於雲南山中，直至現在雲南大理仍有人以建文帝為鼻祖。

建文帝到底是生是死，不僅困擾著後世的人，更困擾著名不正、言不順稱帝登基的燕王朱棣，也就是後來的明成祖永樂帝。

雖然朱棣對外聲稱建文帝已死於大火，但朱棣在大火中發現的屍體，只能證明一具是建文帝皇后的，一具是他的長子朱文奎的，而另一具到底是不是建文帝本人，始終都是個謎，也成了永樂帝心頭的一大隱患。

永樂帝登基以後，為了粉飾自己奪權的真相，也曾召集過一批朝廷史官杜撰建文帝的不正當言詞。他們譴責建文帝寵信小人、品行不當和行為放蕩，更把建文帝形容為不忠不孝。但在後世流傳下來的史書中，我們還是能看到許多史家誇讚建文帝仁愛忠厚，也算是為建文帝悲慘的一生做了辯解！

《明史．鄭和傳》記載：「成帝疑惠帝（即建文帝）亡海外，欲蹤跡之，且欲耀兵異域，示中國富強。」不得不說，鄭和下西洋的目的無論是什麼，其中不免包括尋找建文帝下落這一原因。建文帝朱允炆的後半生到底是死是活，假使真的活著又是怎樣度過餘生的？這只能留作一個猜想。明朝的歷史因「靖難之變」而改變，已成為無可厚非的事實。

第二章

臣要君死，君不得不死

太過天真而死的皇帝

胡亥（西元前二三〇年～西元前二〇七年），即秦二世，姓嬴，名胡亥，西元前二一〇年～西元前二〇七年在位。秦始皇病死後，胡亥在趙高與李斯的幫助下，殺死兄弟姐妹二十餘人，並假傳聖旨逼死公子扶蘇當上秦朝的二世皇帝。胡亥即位後，趙高成為實際掌權者，實行殘暴的統治，最終激起了陳勝、吳廣起義，六國舊貴族復國運動。西元前二〇七年胡亥被趙高的女婿閻樂逼迫，自殺於望夷宮，年僅二十四歲。

▲ 胡亥墓

秦始皇建立的大秦帝國，只是曇花一現，在胡亥即位三年後，終於分崩瓦解。

其實，胡亥的帝位本身就名不正、言不順。他假傳聖旨逼死扶蘇，不顧親情殘害其餘兄弟姐妹，也許看到協助自己的李斯被同黨趙高處死時，他就應該料到自己的下場。

可以這麼說，胡亥，甚至整個秦王朝的結局，秦始皇都要負上直接責任。畢竟，教導胡亥的老師正是秦始皇選的，這個老師成為了秦王朝最大的禍害——他就是趙高。

秦始皇去世後，在趙高的策劃下，胡亥終於登上皇位。雖然過程並不光彩，但卻徹底滿足了趙高權力的野心，將趙高在朝廷的地位推到了高峰。但趙高始終無法安枕無憂，一直擔憂胡亥長大了會不再依賴自己，更懼怕滿朝文武會聯合對抗他。

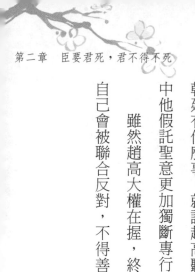

於是，趙高為了達到徹底專權的目的，又發揮起老師的作用，對胡亥說了許多為君之道。大意就是胡亥還太年經，處理問題經驗不足，所以應該盡量控制與大臣們見面的次數，以免在臣子面前暴露自己的弱點，維護皇家的威嚴。胡亥聽後覺得很有道理，自此以後躲在深宮中深居簡出，如果朝廷有什麼事，就請趙高聽取彙報再轉達給自己。如此，趙高在胡亥面前成了大「功臣」，在朝廷中他假託聖意更加獨斷專行。

雖然趙高大權在握，終歸胡亥才是天子，況且一個活生生的人並不好控制。趙高始終害怕有天自己會被聯合反對，不得善終。於是，他想出了歷史上遺臭萬年的「指鹿為馬」事件，試驗大臣們對他的忠心程度。

西元前二〇七年一次朝會上，趙高找來一隻鹿做為賀禮獻給了胡亥，並且對胡亥誇讚這是一匹天下無雙的好馬。胡亥見到所謂的「馬」後，不禁笑出了聲：「丞相怎麼開這樣的玩笑，這明明是隻鹿，你怎麼能說是匹馬呢？」趙高卻仍舊堅持說是馬，而且還詢問在場的大臣們到底是鹿是馬。

趙高平時胡作非為橫行霸道，大臣們自然心存忌憚，但又猜不出趙高這次在賣弄什麼，只好隨聲附和說是馬。這次朝會以後，趙高便對朝廷大臣的態度有了一個大概的認知，說是馬的人可以算作自己這派的，少數說是鹿的人則屬於反對自己的。後來，說出是鹿的那些人自然被趙高捏造藉口殺害了。

這件事並沒有結束，事後胡亥對是鹿是馬的問題一直感到困惑，日思夜想的糾結著自己怎麼會不分鹿馬。久而久之，胡亥竟然以為自己得了迷惑病。這是趙高始料未及的效果。後來胡亥又叫來太卜掐算，太卜當然算不出什麼，又不能承認自己無能，隨口胡謅是胡亥祭祀時齋戒不好所致。於是，胡亥便跑到上林苑裡重新齋戒。可是沒過幾天，胡亥就堅持不住了，又表現出享樂的本性。

在一次射獵中，胡亥還將誤入苑中的人當場射死。這件事被趙高知道後，又一次借題發揮。他先讓自己的女婿閻樂假意上奏說：「世道沒有王法嗎？不知是誰殺了人，竟將屍首扔到了苑中。」然後趙高又裝模作樣地跑去嚇唬胡亥：「皇帝您是天子，射死了無罪的人會受到神仙的懲罰，同時鬼神也會奉命降災的。」胡亥對老師的話一向百依百順，聽趙高如此說，便感到很害怕。趙高順水推舟，將胡亥安排到更封閉的行宮暫時躲避。自此，趙高在朝中儼然皇帝一般。

此時，秦王朝的殘暴統治早已引發民憤，可惜年輕的胡亥並不瞭解天下的真實情況。趙高對他說的從來都是百姓安居樂業。直到陳勝、吳廣的軍隊逼近都城咸陽，胡亥才知道有人造反了。情急之下，胡亥聽從章邯的建議，讓他率領驪山刑徒出戰迎敵。這些刑徒是長年勞動為胡亥修建墓地的人，剛被釋放，士氣很高，在勇將章邯的率領下，打了很多勝仗，甚至戰勝了陳勝和項梁的部隊。後來，項羽破釜沉舟與章邯決戰，章邯作戰失利，向胡亥請求增援，趙高因猜忌拒絕發兵。走投無路的章邯選擇了投降項羽。章邯離開後，秦軍再無將帥，變得不堪一擊，秦朝的江山危在旦夕。

秦王朝幾近滅亡時，胡亥猛然醒悟過來：原來趙高說的天下太平都是謊話，現在都已經到了亡國關頭，這哪裡是太平！胡亥言語中表現出來的都是對趙高的不滿，也許這是胡亥第一次背離老師的意願，也是最後一次。聽出胡亥的不滿之意，早有虎狼之心的趙高索性一不做二不休，弒君篡位自己做皇帝。

當夜，趙高將女婿閻樂和弟弟趙成找來，曉以利害，設下毒計：趙成做為內應，詐稱宮中有大賊闖入。然後閻樂率千餘名官兵追捕圍剿，沿著望夷宮的去路一路追捕，到了望夷宮門口，以迅雷不及掩耳之勢拿下衛隊長，衝進內宮，等殺到胡亥的寢宮，便放箭射他的帷帳。

胡亥得知趙高闖宮時，氣得七竅冒煙，但已於事無補，宮中的守衛幾乎不堪抵抗，眼看趙高等人就要殺到眼前，平日裡唯唯諾諾的奴才們全都各自逃命。只剩一名宦官仍守在胡亥身邊，愚蠢至極的胡亥這時仍沒完全醒悟，反而責備這名宦官：「你為什麼不早一點把趙高的所作所為向我彙報？如今害我落得如此悲慘的境地。」

胡亥被閻樂找到後，仍期望會有轉機，便對閻樂說：「我見一下趙高可以嗎？」

「不行！」

「把我降為郡王可以嗎？」

「不行！」

「貶為萬戶侯？」

「不行」

「黜為庶民？」

「不行！」

可憐的胡亥至死都這麼天真，萬般無奈之下，只好伏劍自刎，結束了自己年僅二十三歲的生命。

秦朝從建立到滅亡猶如曇花一現，胡亥血腥篡位得來的皇位最終害死了自己。東漢時的司馬相如曾評價說：「二世持身不謹，亡國失勢。信讒不寤，宗廟滅絕。」同時期的班固也曾說：「俗傳秦始皇起罪惡，胡亥極，得其理矣。」胡亥最終的下場雖然是自作自受，但秦朝做為我國第一個大統一的王朝，在歷史上始終是一段璀璨的印記。

被幽禁的帝王魂

齊桓公（西元前七一六年～元前六四三年），春秋時齊國國君。在位時號召「尊王攘夷」，並任用管仲改革，使國富民強，成為春秋時期的第一個霸主。他「九會諸侯，一匡天下」，所以被稱為「春秋五霸」之首。

齊桓公晚年昏庸，寵信豎刁、易牙、開方等佞臣，最終在齊國內亂中被活活餓死。

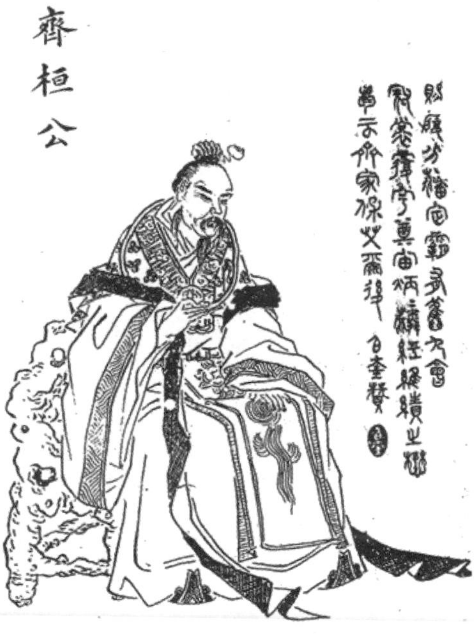

▲ 齊桓公

如果不是鐵證如山，大概沒人相信一代霸主齊桓公竟是被餓死的。當然，這個結果他自己也要負上一定的責任。齊桓公的一生可謂呼風喚雨，佔盡人間權柄威儀。恐怕他從未料到，自己會像一隻待宰的羔羊一樣無奈死去。更令他死不瞑目的是，害死他的是曾經對他最「忠心」，也是他晚年最寵信的三個人：易牙、開方和豎刁。

齊桓公早年重用管仲進行改革，將齊國發展得兵強馬壯，一時興盛無兩。到了晚年，他犯了多數君主都會犯的錯誤，寵信小人。

管仲臨去世前，齊桓公曾問齊國今後誰能為相。管仲回道，「知臣莫如君。」於是，齊桓公先後提出了易牙、開方和豎刁三個人選。管仲聽了以後只是搖頭，並對齊桓公說：「易牙、開方和豎刁雖然都是您的大臣，但他們為討君主的歡心所做出的事，都已經不是正常人能做出來的了，他們的行為已經超出了倫理道德範疇，怎麼能任用為臣？」

管仲說得很對，這三個人的所作所為的確已經不是常人能理解的了。

豎刁，本是齊桓公的幸臣，也就是現代所謂的同性戀者。他為了出入宮庭方便，竟然不惜自宮以換取齊桓公的憐愛與同情，後來齊桓公果然常常將他帶在身邊。

易牙，原本只是廚藝精湛的伙頭師傅，但是馬屁功夫了得。一日，齊桓公對易牙說：「此生吃遍山珍海味，唯一遺憾的是沒有嘗試嬰兒肉的滋味。」齊桓公也許不過是玩笑，但聽者有意。易牙回到家後，二話不說就將自己剛出生不久的兒子殺掉了，然後用兒子的肉做了一頓盛宴呈給齊桓公。齊桓公吃完以後，才得知吃的是易牙兒子的肉。這下齊桓公可是感動得不行，對易牙的寵愛與日俱增。主僕親厚得簡直如同兄弟。不得不說，易牙為了拍齊桓公的馬屁，極端到讓人感覺毛骨悚然。

最後說到開方，他原本是衛國國君的太子，以他的身分和地位已經不必跑到齊國拍馬屁了。但開方卻這麼做了，也許是齊國真的太強盛了吧！

這三個人先後以非常人的方式贏得了齊桓公的信任和寵愛。但管仲的功勞畢竟有目共睹，他說的話齊桓公一定會聽。當管仲已經病入膏肓奄奄一息時，對齊桓公說：「一定要驅逐此三人出境，不然齊國會毀在他們手中。」

雖然齊桓公聽了管仲的話，真的將易牙、開方和豎刁驅逐出宮了。老邁的齊桓公，在這三人離開的三年裡，總是覺得食不甘、心不怡。沒有易牙的美食，沒有開方的馬屁，這個老皇帝顯然有些熬不住了。於是，齊桓公又特地命人將此三人召回身邊，並加以重用。

齊桓公最後為什麼會被餓死？事情還得從立儲這件事說起。齊桓公雖然建立了強盛的齊國，遺憾的是，他的三個老婆連一個兒子都沒生出來。為了後繼有人，他又娶了六個小老婆，但這下齊桓公又要面對兒子太多的問題。

齊桓公晚年病重，他的兒子們都坐不住了，個個想要爭奪君位，宮廷裡的廝殺鬥爭越演越烈。

當齊桓公準備立鄭姬生的兒子為太子時，衛姬卻不甘心了，於是勾結上寵臣豎刁和易牙。步入晚年的齊桓公，老婆和兒子們都開始不聽他的話了，無奈之下只得將注意力轉移在易牙、豎刁和開方身上，以緩解心中的鬱悶。

此時，豎刁和易牙便假裝保護齊桓公，順勢將他「請」到了一間小屋子裡養病，幾乎與外面的人完全隔絕。在齊桓公失蹤的日子裡，他的老婆們都忙著幫自己的兒子爭君位，哪裡還想得起來有一個病重的丈夫。

齊桓公此時無異於被軟禁了。豎刁、易牙甚至假藉王命把齊桓公住處用高牆圍起，只留下一個小洞，齊桓公的飲食，靠小太監從洞口送入。很快小洞口再也無人送飯，病重的齊桓公既不知外面發生了什麼事情，也走出不去。就這樣，在無人照顧的黑屋裡，一代霸主，活活地被餓死了。

齊桓公的悲劇並沒有就此結束。他死後，五個兒子爭相為王，各自網羅了一幫黨羽，相互攻擊。齊桓公的屍體在黑屋裡孤獨地躺了六十七天，屍體腐爛不堪，蟲蛆爬出戶外，惡臭難聞。直至齊桓公的兒子無詭登上君位，才將他的屍身從黑屋裡抬出收進棺木。後來又經無詭戰敗被殺，齊桓公立的太子昭幾經廝殺爭鬥，最終即位登基，也就是齊孝公。

齊孝公登基那年的八月，齊桓公才得以正式安葬，此時離他去世已有十個月之久。

《春秋公羊傳》記載：「南夷北狄交，中國不絕如線，桓公攘夷狄而救中國。」可見齊桓公做為春秋時代的第一位霸主，一向是被高度評價的。當時在夷狄的逼迫之下，中原各國的確遭到了極大的威脅，而透過改革強盛起來的齊桓公，充當起了中原各國的保護神，打出了「尊王攘夷」的旗號。做為霸主，齊桓公又是會盟諸侯，又是插手別國事務，又是安定王室，又是征伐夷狄，可謂風光一時。但他晚年因寵信小人而造成內亂，致使他自己死得如此淒涼，只能說是後世的一個借鑑了。

來到魯國的政治犯

魯君子斑，即姬斑，為春秋諸侯國魯國第十六任君主，魯莊公之子。西元前六九三年～西元前六六二年在位，為慶父所殺害。魯閔公，即姬啟，是魯國第十七任君主，魯莊公之子，西元前六六一年～西元前六六〇年在位，在位兩年，後被慶父教唆殺害。

春秋時期的魯莊公有兩個兒子，姬斑和姬啟，先後都做過魯國的君王，可惜的是他們都很短命，在位不久就被自己的伯父害死了。有關這兩位短命君主的記載微乎其微，他們在歷史上的存在總與「慶父不死，

▲　魯國故城

魯難未已」脫不了關係。

這個慶父，是姬斑和姬啟的伯父，也是先後殺害魯國兩任國君的始作俑者。他本是魯莊公的庶兄，是兄弟幾人裡的大哥，莊公只是老三，如果不是周禮規定了「嫡長子繼承制」，說不定繼承君位的會是慶父。

可能慶父始終對庶出的身分感到不平，才如此執著於君位。

魯莊公姬同共有三個兄弟：慶父、叔牙、季友。其中慶父最為專橫，拉幫結派、搞分裂對他來說就是家常便飯。魯莊公在位第三十二年時，生了大病。因為夫人哀姜始終沒有生子，也就是沒有「嫡嗣」，莊公只能從「庶子」中選出一人。一直對君位有所覬覦的慶父便拉攏同為庶子的弟弟叔牙，蓄謀爭奪君位，又與魯莊公姬同的夫人哀姜私通。

當莊公找到叔牙商議之時，叔牙因受了慶父的收買，主張立慶父為君。莊公自然想把君位傳給自己的兒子，於是又去找四弟季友商量。季友和莊公是同母所生，當然不願意讓君位落到慶父手中，因此季友力主立魯莊公與其寵姬的兒子公子姬斑，並逼叔牙以死表明擁立姬斑。

當年八月，魯莊公就病死了，在季友的主持下姬斑順利繼位。慶父很不甘心，便找到哀姜密謀，準備暗殺姬斑。此時恰好有個叫犖的養馬人，很有力氣，也很魯莽，因為之前受過魯莊公的責罰懷恨在心，慶父便唆使犖趁著喪期殺死姬斑做為報復。春秋那個時代，還沒有普及教育這回事，這個養馬人應該沒有什麼文化，自然也不懂什麼大道理，腦子裡全都是自己被莊公責罰的畫面，此時加上慶父煽風點火，養馬人竟然真的趁機將剛即位的姬斑活活打死。姬斑這個君主不僅在位時間短，死得也很窩囊。

姬斑死後，魯國自然會盡快挑選出新的君主。年輕的姬斑並無子嗣，於是慶父與哀姜商議立姬啟，他是哀姜妹妹叔姜的兒子，即後來的魯閔公。姬啟即位後，慶父變得更加肆無忌憚，與哀姜私通時居然毫無避諱，野心也越來越大。

季友心知姬斑的死是慶父所為，但此時已無力對抗，由於恐懼慶父最終會對付自己，便跑到陳國避難。

姬啟對慶父的行為雖然心裡很不高興，但也不得不容忍。西元前六六一年八月，姬啟與齊桓公在落姑結盟，並請求齊桓公幫助叔叔季友回國。齊桓公得知魯國的內亂後，非常深明大義，同意全力幫助姬啟，派人從陳國接回季友。

同年冬季，齊桓公又派仲孫到魯國慰問季友，當仲孫回國以後，對齊桓公說：「慶父不死，魯難未已。」

西元前六六〇年，慶父徹底按耐不住，便與哀姜串通謀害姬啟，想要自己即位。這對姦夫淫婦指使一個叫齮的人殺了姬啟。前後不到兩年，魯國的兩任國君都被慶父以「借刀殺人」的手段殺害了。姬啟死後，慶父荒淫無恥，作威作福，橫行無忌，魯國百姓怨聲四起。此時季友趁亂帶著魯莊公的另一個兒子姬申逃到了郝國，發出文告聲討慶父，向國人要求除掉慶父，立姬申為君。慶父見魯國百姓的響應呼聲一浪高過一浪，嚇得連夜逃亡到莒國，而哀姜逃到郝國。慶父的君王夢徹底碎了。

不久，姬申繼位。季友買通了莒國將慶父押回魯國，慶父自知無法逃脫罪孽，在押送途中便自殺了。由於哀姜是齊公室之女，季友只能通知齊國交給齊桓公處理。哀姜被召回齊國以後，被齊桓公下令處死了。

魯國皇室裡的內亂應驗了仲孫那句「慶父不死，魯難未已」，慶父死後，魯國的社會終於平穩。在平息慶父之亂的過程中，魯國表現出了空前的團結。同為皇親的季友始終堅持讓莊公的兒子接任國君之位，沒有趁機作亂。而魯國的百姓也在除亂過程裡發揮了積極作用，這是後來許多朝代發生內亂時無法做到的。

慶父先後殺了兩任國君，都是自己的親姪子。雖然歷史上有許多親人間謀權篡位，互相殺害的事件。但像慶父這樣如此執著君位的人只是少數。假使魯國真的落到慶父手中，恐怕延續不到三十六位國君。橫行霸道的慶父最終眾叛親離，群起攻之，也算是他應得的報應了。

死在不守信用上的皇帝

齊襄公，齊僖公的兒子、齊桓公的哥哥，春秋時代齊國第十四位國君。左傳對他的評語是「無常」。何為無常，就是不按常理出牌。齊襄公的不按常理已令人大跌眼鏡，他和親妹妹文姜亂倫通姦，並且直接導致了魯桓公的死亡。另一個「無常」，是他沒有守住自己的承諾，最終發生了叛亂而害死了自己。

事情要從齊襄公派大夫連稱和管至父去駐守葵丘說起。駐守邊境本就是一件苦差事，春秋時期四方諸侯連年戰亂，經濟條件也不發達，生活肯定是難以忍受的。

▲　葵丘

在邊關沒有被凍死餓死也可能被殺死。這種情形下，自然誰也不願意去駐守。齊襄公雖然貴為國君，不入俗世，對邊境的情況還是有所瞭解的，於是對連稱和管至父說：「等到明年瓜熟的時候，我就會派人接替你們回來。」一說是瓜熟，至於是冬瓜、南瓜、西瓜、北瓜或者是黃瓜可就不知道了，但連稱和管至父卻深以為信，一天一天盼著不知道什麼品種的瓜快點長熟，他們好離開淒涼的邊境。

齊襄公說這話也許只是為了安慰連稱和管至父，但他顯然不明白「君無戲言」的道理。連稱、管至父率領軍隊上路以後，齊襄公徹底把這句「一年為期」的話給忘記了。

邊境的環境雖然艱苦，但一年的駐守時間很快就過去了。眼看著第二年的瓜快熟了，齊襄公派人替換的命令也沒有傳達下來。直至瓜熟透了都已腐壞掉落，連稱和管至父也沒等來接替他們的人。

按照春秋時期的規定，戍守邊關的將領應該一年一換。而且齊襄公又親口承諾會找人替換他們。在苦苦等待中，連稱和管至父只好上奏請求替換，可是齊襄公竟然反悔了，告訴他們不許回來。齊襄公這次的不守信用，加上平日裡的荒淫無道，成了送他去黃泉路的重大轉折。

連稱和管至父被邊關的環境刺激得幾近崩潰，欲發起叛變，殺了齊襄公這個不講信用的昏君時，他們恰巧想到齊僖公同母弟弟夷仲年家裡有一個兒子，叫公孫無知。這個公孫無知曾經深得齊僖公的歡心，平日裡穿的衣服、佩的飾物，簡直和太子齊襄公相差無幾。齊襄公即位以後，他的待遇大大打了折扣。於是，連稱、管至父就想依靠公孫無知謀劃叛亂，不至於勢力單薄。

皇親中的同謀者已經談攏了，還需要有個內應刺探齊襄公的一舉一動。正好連稱有個堂妹是齊襄公的小妾，一直不受寵愛，備受冷落。於是公孫無知就讓她刺探齊襄公的行動，還對她說：「假如事情成功了，我就讓妳當我的夫人。」

萬事都已俱備，只等天時地利一舉擊殺齊襄公了。齊襄公自己恰好為連稱等人製造了機會。

西元前六八六年十二月，齊襄公率隨從到姑棼遊玩、打獵。不知哪裡跑出一隻大野豬，也許隨從們憎恨齊襄公與文姜亂倫，並害死了魯國國君，紛紛驚呼：「彭生的鬼魂！彭生的鬼魂！」齊襄公一聽，不禁大怒，一邊拔箭朝野豬射去，一邊大罵：「彭生竟敢現形！」誰料野豬突然像人一樣站立起來嗥叫不止。齊襄公受了驚嚇，一下子從馬車上跌下來，不僅跌傷了腳，還掉了鞋子。

這個彭生，是齊襄公殺害魯國國君時冤死的一名齊國武士。聽到彭生的冤魂，齊襄公驚嚇至此，可見虧心事做得不少。

回宮以後，齊襄公責令隨從的小官費尋找鞋子的下落。費找了很久也沒找到，齊襄公便責罵他，還用鞭子狠狠地抽了他。費跑出宮時，在宮門口遇上了舉兵叛變的連稱、管至父等人。連稱見到費便將他劫持。費無奈地說：「我哪會抵抗你們去告狀啊！」說完便脫了上衣把背上的傷給他們看。

連稱看到一條條血痕後相信了費，接受費的請求，讓他先進宮去打探情況。被放回宮中的費並沒有出賣齊襄公，反而把齊襄公藏了起來，然後跑出宮，與連稱等人搏鬥，最後戰死在宮門處。

連稱、管至父殺了抵抗的守軍，衝到齊襄公的寢殿。孟陽躺在床上假扮齊襄公，被連稱一眼識破。叛軍繼續搜查齊襄公的藏身之處。最後在寢殿門扇下，看到了齊襄公不小心露出的半隻腳。齊襄公為失信付出了生命的代價。齊襄公死後，連稱、管至父擁立了公孫無知為新的國君。

連稱、管至父叛變，和春秋時期的君臣思想有很大關係。孟子用兩句話總結了這種思想：「君視臣如草芥，臣視君如仇寇。」春秋前期的君主和臣下沒有絕對的忠誠和信任，有的只是利益上的互相依賴，簡單說就是你對我怎麼樣，我就對你怎麼樣。齊襄公身為君主卻做不到守信，是導致他死亡的直接原因。齊襄公一味在臣子面前狂妄自大，妄圖用君主之威把臣子玩弄於鼓掌之間，卻不知是在自掘墳墓。

都是聰明惹的禍

漢質帝劉纘（西元一三八年～西元一四六年），東漢第十位皇帝。劉纘的曾祖因生母地位卑賤被剝奪王位的繼承權，照理說，傳到劉纘這一代，與皇位應該無半點牽連，頂多分封個地方諸侯，但在他八歲時，卻因朝廷內亂，被外戚梁冀推上皇位。西元一四五年，劉纘即位，在位不到一年，便被梁冀毒死，諡號孝質皇帝，葬於靜陵。

▲　梁冀

東漢末期不停地更換君主，且多幼主。不難想像，當時外戚勢力過於強大，這些幼主的命運不會很好。清朝的歷史學家趙翼在《二十二史劄記》中專門研究過東漢多幼主的現象，從他的調查中能夠發現，東漢的十九位皇帝裡，活過三十歲的只有四人：光武帝、明帝、章帝和最後的獻帝。剩下的那些幼主，大多都懾於外戚勢力身不由己，最終命喪黃泉。在位僅一年的劉纘，雖然同樣遭受外戚控制，卻顯得有些特殊。劉纘不幸的原因就是常說的「禍從口出」。後來寫史書的范曄認為漢質帝被謀殺是聰明惹的禍。一個僅僅八歲的孩子竟因聰慧被殺，可見當時東漢王朝有多混亂了。

西元一四五年正月，年僅三歲的漢沖帝因病去世。當時可繼承皇位的候選人只有兩個，一個是清河王劉蒜，另一個就是劉纘。兩人血統親疏幾乎一樣，不同的是劉蒜要比劉纘年長，當時已經十七歲了。這時候，執掌朝政的外戚大將軍梁冀考慮劉纘年幼，尚不懂事，更易於控制，遂將年僅八歲的劉纘推上了皇位。漢沖帝的生母梁太后是梁冀的妹妹，被梁冀推為皇太后臨朝稱制。

小皇帝劉纘的確聰慧。他從山東趕到皇城即位時，途中見到路邊跪著一個小男孩，骨瘦如柴，衣衫襤褸，頭髮上插著一根長長的蒿草，身旁坐著一位雙目失明的婦女。劉纘見狀很好奇，便問護送他的太尉李固：「他們在做什麼？」

李固解釋說：「這位失明的母親在賣他的兒子。」

小劉纘一聽大吃一驚：「母親怎麼會賣自己的兒子？」

李固只好繼續解釋道：「這位母親為生活所迫，如果不賣掉孩子，可能全家都會餓死。」

小皇帝想了想對李固說：「是不是她有了錢就不會賣自己的兒子了。」說罷從衣襟裡掏出一個錢袋交給李固，說：「李太尉，把這些錢送給他們吧！《晏子春秋》說道：意莫高於愛民，行莫高於樂民。」

李固接過錢袋，心中滋味肯定很複雜。誰能想到這麼年幼的孩子就懂得幫助別人，還懂得如此的道理。如果劉纘能夠長大，憑著他的仁愛與才華，說不定會是個很有作為的皇帝。

劉纘登上帝位後，權力都控制在梁冀手中。既有梁太后的身分壓制著年幼的皇帝，又有大司馬大將軍梁冀以兵權威脅，年僅八歲的劉纘即使想有作為也尚不懂政治，無法參與。此時，朝政基本上控制在梁冀手中。

劉纘雖然年幼，卻很聰慧，登基後幾個月，對朝廷內外、國家大事漸漸知道了很多，懂得了很多，一顆幼小心靈中的天真與幼稚也被掠奪許多。

一天，劉纘在大殿裡朝會文武百官，身後坐著垂簾聽政的皇太后。梁冀一如既往地主持著朝政，專橫跋扈，無所不為。當小劉纘坐在金鑾殿的寶座上，看著下面文武百官跪伏在地，三拜九叩大呼萬歲。之後，梁冀未等劉纘開口說「眾卿平身」就自己站了起來，還直接走上金鑾殿，頭也不低、腰也不彎地站在寶座旁，神氣十足地啟奏事宜，儼如攝政王般望著階下眾臣。

此時，太尉李固跪伏在地正欲啟奏，劉纘卻突然開口對李固說：「李太尉，為何在階下？快請上來。」說著劉纘又用手拍著寶座的扶手。

李固大驚之下，只得回道：「卑職不敢。」

但劉纘卻不甘休，明知故問似的：「為何不敢？大司馬大將軍也站在這裡啊！」

劉纘說完這句話以後，滿朝文武沒有一個敢出聲的。梁冀可能做夢也沒想到，小皇帝劉纘竟會在朝堂說出這樣的話。然而，後來發生的事情則更讓梁冀無法想到。如果說這次的事可以當作劉纘年幼不諳世事，但後來發生的事就真的是劉纘自己惹禍上身了。

在那次朝會後不久，劉纘發現梁冀對百官氣焰囂張，文武重臣在梁冀面前竟然唯唯諾諾。劉纘雖小，也許並不能瞭解其中的原由，但忠奸善惡他還是能夠分辨的。心直口快的小皇帝當時竟在朝堂上指著梁冀說：「你真是個囂張跋扈的將軍！」梁冀見皇帝突然從嘴裡說出這樣的話，十分意外，一時間竟在朝堂上手足無措。滿朝文武更是嚇得目瞪口呆、面面相覷。梁冀鐵青著臉，像木樁一樣釘在原地，心中雖氣，畢竟仍有君臣之禮，不敢公然冒犯。

梁冀回去後越想越恨，本是自己扶植的皇帝，竟公然反抗自己，等劉纘再長大幾歲，肯定會控制不住，搞不好會將矛頭對準自己，豈不是性命不保？梁冀想到這裡，心情越來越差，不由得心生歹念，當晚就命人將鳩毒摻在劉纘的膳食煮餅當中。

劉纘吃過毒餅不久，就感到腹痛難耐。梁冀聞訊趕來時，聽到劉纘哭喊著要水，忙對太監說：「千萬不能喝水，否則會引起嘔吐，令陛下更加難受。」說完把太監端來的水潑到地上。痛得死去活來的劉纘終於再也無法忍受，只聽一聲慘叫，這個在位不到一年的小皇帝七竅流血而死。

梁冀主持朝政期間，專橫跋扈，無所不為，引起了一些正直朝臣的抵制，以太尉李固為首的許多士族官僚紛紛上書，批評梁冀的所作所為，力求矯正時弊，但都遭到了梁冀的打擊和壓制。劉纘死後，梁冀仍舊無法無天。西元一五九年，在漢史上以荒淫出名的漢桓帝終於受不了梁冀的霸道，他聯合宦官將梁冀捕殺，滿門查抄。史書對梁冀之死的記載是：百姓莫不稱慶。梁冀最終的下場，可以說是惡有惡報了。

誓死與逆賊拼命的皇帝

魏廢帝曹髦（西元二四一年～西元二六〇年），魏文帝曹丕之孫，東海定王曹霖之子，即位前為高貴鄉公，是三國時期曹魏政權的第四任皇帝。司馬師廢掉齊王曹芳後，將身為宗室的曹髦立為新君。但曹髦並不願做傀儡皇帝，他對司馬氏兄弟的專橫跋扈十分不滿，於是，在西元二六〇年率領數百人討伐司馬氏。然而此次行動早已被司馬昭知曉，在司馬昭心腹賈充的指使下，曹髦被武士成濟所弒，年僅二十歲，以悲壯的結局走完了自己短暫的人生。

▲ 司馬昭

三國時期，權臣功高震主，皇帝被逼下位的事也不少見，多數皇帝選擇逆來順受，做個不愁吃穿的封王。獨有魏廢帝曹髦螳臂擋車，驅車率三百餘人鎮壓司馬家族。

魏帝曹芳被司馬師廢掉後，原本世襲父爵的宗室子弟曹髦被拉上了皇帝寶座。如果沒有這件特殊的事，也許他會平淡的走完自己的一生。

西元二五四年十月，當十四歲的曹髦見到朝廷的使者時，心裡已經大約明白了自己的命運。不久之前，他的兄弟曹芳已被權臣司馬師罷黜了。此時的曹魏政權，已落入司馬家族控制。

曹髦在使臣催促下動身前往洛陽。但他無法因為自己即將登上皇位而開心，他明白皇室暗弱已久，曹魏的天下掌握在司馬氏手中。自己要面對的注定是血淋淋的現實。

也許身處亂世中養成了警覺，曹髦入宮後很明白應該如何進退。登基之前，他不僅拒絕入住給皇帝準備的大殿，更拒絕登上皇帝專用的車駕。面對遠迎自己的官員，他也依禮下車答禮，並聲明自己目前仍然只是臣子，不應行如此大禮。年紀輕輕的曹髦所作作為都表現出恭謙禮讓，很快就贏得了朝廷內外的尊敬。他的出現，讓文武百官看到了國家的希望。

一手將曹髦推上寶座的司馬師心裡不大高興了。他看中的是曹髦年經容易控制，他希望曹髦是一個昏君。但曹髦很清楚時勢，他登基以後，為了打消司馬師的顧慮，首先連下詔書羅列前魏帝曹芳的種種失德，並將參與廢立的大臣加官進爵。戲是做給司馬師看的，自然要對他重重獎賞。因此，大將軍司馬師有了佩劍上殿，入朝不趨的特權。

自此以後，這個根基不穩的皇帝便過著韜光養晦的日子。曹髦小心翼翼地對待作威作福的司馬兄弟，聽從其擺佈。在此期間，他只和大臣們聊文學、歷史等學術問題，政事從不過問。然而政治形勢險惡，反對司馬氏的大臣接二連三被殺，司馬昭步步緊逼，使這位具有獨立意識和血性的小皇帝相當不安。

西元二五五年三月二十三日，司馬師率兵平定毌丘儉、文欽之亂，然後在許昌病死了。曹髦彷彿從司馬師的去世中看到了轉機，為他剷除司馬家族做了一個鋪墊。

司馬師去世後，他的弟弟司馬昭成了司馬家新的領導者。司馬昭對曹髦的威脅有增無減。曹髦身為皇帝，處處受到制約。一次，曹髦深夜裡輾轉反側夜不能寐，想到自己的處境，不禁賦詩一首：傷哉龍受困，不能躍深淵。上不飛天漢，下不見於田。蟠居於井底，鰍鱔舞其前。藏牙伏爪甲，嗟我亦同然。

沒想到，這首詩竟被司馬昭得知了。後來上殿時，司馬昭毫無避忌地挺著佩劍走到曹髦眼前，神情高傲地說：「皇上文采卓絕，微臣佩服。只是您把我們這些忠心耿耿的大臣比作泥鰍、黃鱔，是什麼意思呢？難道皇上想將我們全部誅殺，獨自一人統治國家嗎？」

這簡直是公然的挑釁，曹髦對司馬昭再也無法忍受。

西元二六〇年正月初一，歲首之日，本應舉國歡慶，充滿祥和與期待。正午時分，天空突然變黑，竟然在白日裡出現了月亮，且正與太陽搶奪光芒。按照現代天文學的解釋，只不過是日蝕現象，但兩千年前人們顯然無法理解這種現象。主持觀測天象的太史令指出，發生天狗食日，實為大凶。

這湊巧發生的天文現象在曹髦看來是另一回事，他認為這是上天暗示魏王朝暗無天日，已經快到末日了。曹髦想剷除司馬昭的心再也無法壓制，他寧願玉石俱焚也不想眼睜睜地看著魏國滅亡。

這年六月二日那天，曹髦招來對他忠心耿耿的尚書王經、侍中王沈、散騎常侍王業，對他們說出了自己的想法：「司馬昭之心，路人皆知。我希望你們能幫我討伐司馬昭等人。」

王經一聽，連忙勸說曹髦不要輕舉妄動。雖然他們也很想匡扶皇權，但司馬氏的勢力目前實在難以撼動。

可是曹髦卻下了決心，他從懷裡掏出詔書，扔到他們眼前：「這樣的傀儡皇帝，我一天也做不下去了。死亦何妨，與其今天這般苟且偷生，寧可一搏勝負，總好過坐以待斃。」

王經等人見曹髦心意已決，便發誓追隨曹髦追殺逆賊。這晚，曹髦命冗從僕射李昭、黃門從官焦伯等，率領僮僕數百餘人從宮中鼓噪而出，直指大將軍府。

可惜曹髦的計畫已被司馬昭的心腹賈充得知，這晚的行動，曹髦等人無異於自投羅網。何況兵權始終把持在司馬昭手上，曹髦率領由僮僕組成的軍隊，幾乎不堪一擊。

曹髦身先士卒衝進大將軍府內時，並沒有見到司馬昭。賈充指揮著一批訓練有素的士兵，見到曹髦大喊道：「司馬公養兵千日，今天就是用人的時候，誰殺了這個狗皇帝，定有厚賞。」

在曹髦還未反應過來，副將成濟已衝到眼前，毫不猶豫地將手中的的長矛刺進曹髦的胸口。這個年僅二十歲的皇帝，以如此悲壯的氣勢走完了短暫的一生。

曹髦之死，是曹魏政權中一場慘烈的悲劇，同時宣布曹魏宗室再也沒有能力反抗司馬家族。相較三國時期的其他傀儡皇帝，曹髦無疑是最有傲骨血性和強烈使命感的皇帝，他印證了孟子的那句話：「威武不能屈」。他的所作所為，應該無愧自己封號當中的「高貴」二字。

大難臨頭的慈悲皇帝

梁武帝蕭衍（西元四六四年～西元五四九年），大梁政權的建立者。蕭衍是蘭陵蕭氏的世家子弟，漢朝相國蕭何的二十五世孫。南齊中興二年（西元五〇二年），齊和帝被迫「禪位」於蕭衍，南梁建立。蕭衍博學能文，精通音樂、書法，年輕時曾與謝眺、沈約等名士一起被譽為「竟陵八友」，是當時文化界的名人。蕭衍在位期間，鼓勵學術，勤政愛民，使國家政局穩定，國庫充足，文化繁榮。他一生篤信佛教，但因過於寬容導致晚年爆發「侯景之亂」，都城陷落，被侯景囚禁在臺城，最終餓死。享年八十六歲，葬於修陵，諡為武帝，廟號高祖。

▲　梁武帝蕭衍

梁武帝蕭衍一生吃齋唸佛，待人寬厚仁慈，可以說是歷史上少見的「菩薩皇帝」。可是也正因他過於寬厚，接納了奸臣侯景，最終這位曾叱吒一時、統治王朝達四十八年之久的皇帝，竟被活活餓死。

西元五四七年，東魏大將侯景來降。侯景是被鮮卑族同化的羯族人，在懷朔六鎮起義失敗後，侯景先後投靠了許多部落，直至後來投奔了高歡，得到高歡的欣賞，被委以重任。但侯景為人首鼠兩端，高歡死後，他和高歡的兒子高澄在兵權問題難以融合，於是侯景脫離高家轉而投了西魏。當時各國都知道侯景是個反覆無常的小人，西魏也對侯景存有戒心。走投無路的侯景無奈下投奔梁國，許諾獻出河南十三州，請求蕭衍接受他歸順。

侯景來南梁投靠時，大臣們一致反對接納這樣唯利是圖的小人，可是蕭衍卻很高興，發揮佛教寬厚慈悲的精神，對眾臣表示為君要寬容並蓄。就這樣，蕭衍不顧大臣們的反對，執意接納了侯景。如果只是接納侯景這個喪家之犬也沒什麼，蕭衍又執意將侯景封為大將軍、河南王，並派軍隊接應侯景歸順。這時，朝中有深知侯景為人的大臣，一句話預告了結局：「亂事就要來了。」

不久，東魏攻擊侯景，蕭衍派姪子蕭淵明前去支援，結果戰敗，蕭淵明被東魏俘虜。蕭衍為了解救姪子，準備與東魏講和。侯景得知消息後，開始擔憂。他是背叛東魏的叛徒，如果此時兩國修好，很有可能會被東魏處置。侯景為求自保，便以誅殺朝中弄權的朱異為藉口發動了叛變，史稱「侯景之亂」。

侯景之亂爆發後，面對洶湧而來的叛軍，蕭衍竟糊塗到派早已有篡位之心的皇太子蕭正德統帥軍隊。兩軍對壘許久，也沒見勝負，於是侯景使計派人誘騙蕭正德說，只要他肯做內應，推翻梁武帝的政權後，就擁立他做新一任皇帝。對皇位垂涎已久的蕭正德，不加思考便答應了侯景的計畫，祕密派了幾十艘大船，幫助侯景的叛軍渡過長江，還親自帶領叛軍渡過秦淮河。可惜蕭正德美夢沒有成真，侯景一達成目的便將他殺死了。

西元五四九年三月，侯景率兵圍攻都城建康。城中久被圍困，糧食斷絕，受到飢餓與疾病困擾，人多浮腫氣急，橫屍滿路，能登城抗擊者不到四千。這時的侯景也已經元氣大傷，但守城的將領被困得沒了鬥志，主動開城把侯景放了進來。自始至終，那些受到蕭衍厚待的南梁諸王雖然都手握重兵，卻因彼此猜忌，袖手旁觀按兵不動。直到這時，蕭衍才後悔自己不加節制的慈悲，不禁破口大罵那些不忠不孝的子孫，可惜悔之已晚。

侯景攻破建康城後縱兵洗劫，將蕭衍居住的臺城包圍起來。侯景帶著五百衛士去見蕭衍，蕭衍見到侯景，居然不慌不忙地問：「你竟然作亂，你是哪裡的人，你的妻子、兒女還在北方嗎？」侯景竟有些害怕，過了好半天才知道回答，「臣的妻子和兒女都被高氏殺了，如今孤身一人。」

蕭衍繼續問：「你過江時有多少兵馬？」

侯景答道：「千人。」

蕭衍問：「攻城時多少？」

「十萬。」

「現在呢？」

「所有兵士全聽我號令。」

最後，蕭衍安慰他說：「你有忠心於朝廷，應該管束好部下，不要騷擾百姓。」侯景答應了。

據說侯景見過蕭衍後，對身邊的親信王僧貴說：「我征戰疆場多年，從未膽怯過。可是這次見蕭衍竟然有點害怕，莫非真是天子威嚴不容侵犯嗎？」當然蕭衍並不是神靈下凡，侯景只是作亂心虛，加上蕭衍本身也是武將出身，又一生信佛，不過是臨危從容鎮靜而已。

侯景的軍隊徹底掌握了都城的管理大權，他的衛兵在皇宮進出隨意，甚至隨身佩戴武器。已無還擊之力的蕭衍見到以後感到很奇怪，於是問左右侍從哪裡來的衛兵。

侍從回答說：「是侯丞相的衛兵。」

蕭衍一聽，怒罵道：「什麼丞相！不就是侯景而已。」

侯景聽說後，一氣之下將蕭衍關在了臺城，並派人密切監視他的一舉一動。

蕭衍被困在臺城後，缺吃少穿，加之年事已高，最後竟被活活餓死，享年八十六歲卻不得善終，真可謂是搬起石頭砸自己的腳。

據《梁書》、《資治通鑑》記載，侯景從採石渡過長江時，兵馬只有八千餘人，攻破臺城時已經發展到十幾萬人，可見侯景是能夠得到百姓擁護的。因為侯景宣揚：蕭衍沉溺佛法、僧尼氾濫，朝綱廢弛、民生凋敝。雖然蕭衍並不是昏君，侯景也只是為了實現自己的野心，卻在客觀上迎合了百姓的要求。梁武帝蕭衍崇信佛法，並四次捨身侍佛，並沒有獲得佛祖的保佑，反而落了個國破身亡的結局。

玩進了棺材

唐敬宗李湛（西元八〇九年～西元八二六年），先因父親穆宗健康惡化而以太子身分監國，穆宗駕崩後做為合理的皇位繼承者登基。李湛即位後，奢侈荒淫，沉迷蹴踘，經常半夜在宮中捉狐狸。此時宦官王守澄把持朝政，勾結權臣李逢吉，排斥異己，敗壞綱紀，導致官府工匠突起暴動攻入宮廷的事件。後為宦官劉克明等人殺害，死後廟號敬宗，諡號睿武昭湣孝皇帝。終年十八歲。

所謂「江山易改，本性難移」，用來形容唐敬宗李湛十分貼切。李湛即位後，根本不把國家大事放在心上，只是一

▲ 打馬球

味地尋找各種好玩的遊戲。他的遊樂無度比父親穆宗有過之而無不及。皇帝的身分對李湛而言，只是提供娛樂的便捷途徑，他在後宮裡養了一大批人，說好聽是服侍皇家，其實就是專門陪玩的。要說李湛，已經不能用「貪玩」來形容了，他基本是屬於頑固不化、朽木不可雕的類型。對於別人的勸說，李湛雖然都點頭應好，可是一轉眼又帶領著成群的太監跑出去玩了。

李湛甚至連皇帝例行的早朝也不放在心上。一次，群臣在朝堂上苦等李湛，直到日上三竿也沒等到。大臣們為了參加朝會天還沒亮就起床準備，辛苦趕來，可是皇帝卻遲遲不到，又不說取消，群眾只能繼續苦等下去。等李湛在諫議大夫李渤的催促下趕過來時，已經有老臣因為撐不住而昏倒了。退朝以後，左拾遺劉棲楚又椎心泣血地對李湛教育了一番，甚至到了跪地磕頭血流不止的程度。李湛只好答應以後一個月會上三次早朝。

李湛對朝政的放任以及近乎瘋狂的遊樂，在宮中引發了一系列事件。他即位不久，就因一位叫徐忠信的平民闖入浴堂引起了一場虛驚。到了四月，又發生了染坊役夫張韶與卜者蘇玄明聯合，帶數百染工殺入右銀臺門的嚴重事件。當時李湛正在清思殿與太監們打馬球，聽到外面傳來喊殺聲，自顧著逃到左神策軍避難，狼狽至極。左神策軍兵馬使康藝全率兵入宮，將張韶等人殺死，當時張韶已經攻到了清思殿並登上了御榻。

不久，在八月秋夜，又發生了馬文忠與品官季文德等人圖謀不軌的事件，當事人皆被杖死。幾個月內先後發生數起事件，無疑是對李湛大興土木、昏庸享樂的當頭棒喝。大臣們認為敬宗一味沉迷於遊樂，經常不在宮中，才給了不法之徒可趁之機。雖然李湛也認同大臣們的說法，卻始終放不下自己的玩樂，而且變本加厲，花樣不斷翻新。

說起李湛玩遊戲的水準，不僅是喜歡玩，而且實在很會玩。李湛雖沒什麼治國才能，玩樂本領卻不小。唐朝沒毀在李湛的手上簡直是個奇蹟。李湛不僅是一位馬球高手，在手搏、摔角、拔河、龍舟競渡等遊戲上都很出色，今日來看，他簡直是一個運動健將，如果活在二十一世紀，說不定還會拿個奧運全能冠軍。

李湛自己喜歡打馬球，只有太監們陪他玩還不夠，他還要求禁軍將士、三宮內人都要一同參加。憑著皇帝的淫威，普及運動弄得有模有樣。西元八二六年六月，李湛特地在宮中舉行了一次運動大會：馬球、摔角、散打、搏擊、雜戲等，項目種類全面，參與選手在皇帝號召下都很踴躍。最有創意的是李湛命令左右神策軍的士兵，還有宮人、教坊、內園分成若干組，騎著驢打馬球。這次運動大會高潮不斷，氣氛活躍，李湛一時玩得忘情，竟忘了時間，直到深夜一、二更才宣布大會閉幕。

李湛另一個熱衷的遊戲是打獵，他嫌白天不夠刺激，於是在深夜帶人捕狐狸以取樂，宮中稱之為「打夜狐」。

十幾歲的李湛愛玩，可以說他童心未泯，但這個大孩子脾氣卻不好，稍微玩得不開心，就會發脾氣，有時只是罵還不夠，還要將沒陪自己玩好的人革職、發配邊疆。沒人能猜對他什麼時候才算玩得開心，時間一久，朝中大臣都人心惶惶，簡直是提著烏紗帽在陪玩。李湛是皇上，想玩一定能找到人笑臉相迎的陪著他玩，可是人心就無法控制了，漸漸，李湛變得眾叛親離，很多大臣都對他感到失望，甚至連小小的太監都在心裡暗罵他。

很快，這種肆無忌憚的玩樂將李湛送上了末路。西元八二六年十二月，李湛深夜心血來潮召人陪他去打夜狐。回宮以後，李湛仍然很有活力，又找來宦官劉克明、田務澄、許文端以及擊球軍將蘇佐明、王嘉憲、石從寬等二十八人飲酒。劉克明與蘇佐明等人對李湛的所作所為早已心存不滿，擔心自己有天也會不小心犯錯被李湛發配邊關。於是，趁著李湛喝得大醉進寢宮更衣時將他殺害了，李湛也成了唐朝歷史上除了亡國君哀帝外最短命的一個皇帝，窩窩囊囊地死在了宦官手中。

李湛被宦官合謀殺害，聽起來覺得有點委屈，可是這禍事並不是突然釀成的。歷史上評價敬宗為「不君」，《舊唐書》裡評價：「彼狡童兮，夫何足議。」也許在唐朝那段宦禍猖獗的時代，像李湛這樣能盡情玩樂也算一種幸福。隨著李湛的去世，他的遊戲終於結束了。之後的唐皇仍在宦禍裡掙扎，歷史的命運只能給後世一個警鐘，終歸無法改變。

不斷流亡的悲劇皇帝

唐昭宗李曄（西元八六七年～西元九〇四年）是一個極具悲劇性的皇帝，在位期間歷經四次流亡，雖有抱負，卻壯志難酬。李曄由當時掌權的宦官楊復恭擁立，在位十六年，一直是藩鎮手中的傀儡，根本沒有實權。李曄是個聰明又有才華的年輕人，他二十一歲即位後，曾力圖增強軍備設置，卻引起了藩鎮的疑心，引致朱全忠等人的叛亂，最終被殺害，享年三十八歲。死後葬於和陵，謚號為聖穆景文孝皇帝。

▲ 李茂貞

唐昭宗李曄是一個生不逢時的天子。從他的才能和品行來看，倘若早生幾十年，完全有可能締造出「元和中興」和「大中之治」那樣的政治局面。不幸的是，李曄登基時，唐王朝已經被「藩鎮割據、宦官亂政、朋黨相爭」這三大政治頑疾弄得烏煙瘴氣，加之又發生了黃巢起義，想要扭轉日益衰竭的皇權實在是有心無力。

西元八八八年三月，年僅二十二歲的李曄登基時，史書對他的評價很高：昭宗即位時，樣貌俊朗，英氣勃發，由於僖宗治國不利，朝廷日益衰微，昭宗抱有恢復盛世的志願。不管政局已經到了什麼地步，不難看出，人們對李曄還抱有很高的期望。

面對內憂外患，李曄想挽救大唐江山可謂難比登天。他即位以後，第一件事是整治宦禍，李曄在剷除權宦田令孜時，表現出的果敢和堅決，充分發揮了他的治國才能。後來對付藩鎮時，李曄卻遭致了重大失敗，經歷了帝王人生的第一次流亡。

西元八九五年正月，關中三鎮與朝廷的矛盾嚴重激化。六月，李茂貞聯合三鎮率數千精兵攻進長安，準備廢掉昭宗，另立吉王李保。這次叛亂導致李曄被軟禁了兩年。期間，李曄被迫解散了剛剛組建的殿後四軍，處決了護駕有功的禁軍將領李筠，並且罷黜了諸王的兵權。不久叛軍圍攻諸王府邸，喪心病狂地接連殺死了十幾個親王。其後又迫使李曄下罪己詔，恢復李茂貞的所有官爵。做好這一切後，李茂貞才於第三年八月把李曄放回。

李曄再回長安時，已是西元八九八年，被幽禁過兩年的李曄變得喜怒無常、終日酗酒。後來又經歷新結黨的宦官叛亂，李曄這個天子再一次成了階下之囚。雖然後來平定叛亂，但他的流亡生涯卻沒到盡頭。

西元八九八年五月，朱全忠集結力量，開始對朝廷發動進攻，起義軍隊直逼長安。李曄不得不經歷人生中的第三次流亡。這次流亡回到長安以後，李曄便成了朱全忠「挾天子以令諸侯」的傀儡皇帝。時隔一年後，李曄第四次離開長安，踏上流亡之路。並且再也沒有回來。

西元九〇四年二月，被天子賜號「回天再造竭忠守正功臣」的朱全忠，逼迫李曄遷都洛陽。此時李曄已是強弩之末，他深知自己的處境，在朱全忠兵力的壓迫下，只能聽話妥協，他對朱說：「國家社稷是愛卿保住的，朕和家眷的性命也是愛卿保住的。」

西元九〇四年四月，昭宗抵達洛陽。

在接下來的幾個月裡，朱全忠時常都擔憂李曄的威脅，每每想到李曄在位日久，要取而代之愈加困難。思慮及此，朱全忠決定採取最後的行動。

這年八月十一日深夜，朱全忠派遣心腹將領蔣玄暉、朱友恭、氏叔琮等人到洛陽，闖入李曄的寢宮，接連刺死了宮中的嬪妃、侍從，同時高聲呼喊著：「皇上在哪？」昭儀李漸榮聞聲連忙跑到天子寢室的窗前，高聲呼叫：「寧可殺了我們，你們也不能傷害天子！」話音剛落便被砍殺在血泊之中。此時房內喝得爛醉的李曄，聽到昭儀的呼喊聲後提高了警覺，連忙從床上爬起來躲到柱子後面。但是，李曄始終躲不過自己的命運，很快他就被蔣玄暉找到並殺害了。

三年後，朱全忠篡唐稱帝，存在了兩百八十九年的大唐帝國覆滅了。

李曄是一個被寄予很高期望的帝王，然而現實的失敗讓他變得自暴自棄。唐昭宗李曄七次改元，簡直像是七道淚痕，像是一個巔峰王朝臨終前的七聲呼告，更像是一個末世帝王在絕境中的七次掙扎。李曄最終隨同他又愛又恨的唐王朝逝去了，歷史進入了新的階段——五代十國時期。

在睡夢中死去而不知的皇帝

遼世宗耶律阮（西元九一七年～西元九五一年），遼朝第三位皇帝，在位三年，死時年僅三十三歲。在位四年，西元九五一年被耶律察割所殺。其謚號為天授皇帝，廟號世宗。

西元九四七年四月，遼太宗在南征的途中病死。太宗突然逝世，軍營中失去了合適的主帥。眾將商議之後，決議讓太宗的姪子耶律阮繼承帝位。當時還有兩個人比耶律阮更具備繼承王位的條件，一個是太宗的弟弟耶律李胡，另一個則是太宗的長子耶律璟。述律太后一直希望讓她最疼愛的小兒子耶律李胡繼承皇位，但耶律李胡性情暴虐，並不得人心。

▲　遼世宗時鑄造的天祿通寶

顯然，耶律阮並不算是最合適的王位繼承人，甚至有些名不正、言不順。不過話說回來，當初太宗的王位其實是從耶律阮的父親耶律倍手中搶來的。由此想來，皇位似乎也屬於耶律阮，他不過是「奪回屬於自己的東西」而已。

大家一致擁立耶律阮即位，述律太后得知後異常生氣，擁立新君這件大事誰也沒徵求過她的意見，似乎不拿她當回事。於是，她派遣耶律李胡攻打「亂賊」耶律阮，試圖奪回王位，這場「祖孫之爭」不可避免地開戰了。很快，由於軍心不和，耶律李胡以失敗告退。述律太后仍然很不甘心，又親自率軍再横渡與耶律阮對峙，最終被耶律屋質勸和，述律太后妥協後，與耶律阮達成「横渡之約」，耶律阮才得以順利即位。

這場奪位之爭雖然以耶律阮成功登上皇位告終，卻引起了很多勢力的不服，尤其是他的叔叔耶律李胡。耶律李胡第一次與姪子的較量大敗而回，但他很快又謀劃了第二次叛亂。

當初耶律李胡戰敗，耶律阮登基後並沒有秋後算帳，對耶律李胡施以打壓或罷貶。可見耶律阮的人品並不差，而且他對卜屬和朋友也一直很好，名聲不錯。偏偏耶律李胡不甘心，一定要置耶律阮於死地不可。這一次叛亂，耶律李胡被耶律阮軟禁了起來。不得不感嘆一句，耶律阮這個皇位坐得真是提心吊膽。自己的奶奶想要殺死他，自己的叔叔更想要殺死他，所謂「躲得過初一躲不過十五」，他的死亡，簡直就是遲早會發生的事。

一波未平一波又起。由於耶律阮一向崇尚漢人文化，不僅對漢族人委以重用，還致力於學習漢族文化，時間一久，漢人遍佈朝廷且地位越來越重，原本的契丹貴族被冷落了。契丹貴族的權力日漸削弱，引起了極大的不滿，不滿的聲音漸漸壯大又引發了新一次的叛變。

西元九四九年，翰和公主阿不里突然聯絡明王耶律安端叛變，契丹諸部都參與在內。也許是耶律阮未到時限，此次叛變被提前洩漏了，耶律屋質得到消息以後迅速報告了耶律阮。耶律阮當機立斷，將這群反賊一舉消滅，該殺的殺，該流放的流放，該處罰的處罰，而公主阿不里則在被關進監獄後死去。

事態並未因此風平浪靜，耶律安端的兒子耶律察割很狡猾，事情敗露後，他假裝深明大義揭發自己父親的罪行，一邊痛哭流涕，一邊請求責罰。結果，耶律阮被這一番苦肉計騙得心軟了，不僅相信了耶律察割，更對他的父親耶律安端從輕處罰，只是貶到外地去統領部族軍隊。耶律察割沒有受到牽連，依舊留在朝中。耶律阮這一次的寬容，為自己埋下了隱患。耶律察割表面看起來對耶律阮忠心耿耿，實際上卻在暗中謀劃著篡奪皇位。

最終，耶律阮將反叛的人都論罪處決了，終於長舒一口氣。西元九五一年，耶律阮應北漢皇帝劉崇的請求，召集各部的酋長，商議聯合北漢出兵攻打後周。由於酋長們經過連年的征戰，已經厭倦了打仗，並不願意南侵。一心想拓展疆域的耶律阮強令各部酋長率軍南下，自己也統率著一批人馬於九月到達歸化州的祥古山。耶律阮的部隊與各部酋長的部隊在火神殿會合。一日，按照規定耶律阮舉行了對太宗皇帝的亡靈祭祀，祭祀之後，便開始設宴招待群臣和各部酋長。耶律阮想到自己終於能不受束縛地大展拳腳了，心情變得很好，一時忘情，竟然喝得酩酊大醉，最後被侍從扶回了房間睡覺。

這時，一直對皇位虎視眈眈的燕王耶律察割看到了機會。深夜，耶律察割聯合偉王之子耶律嘔裡，率領一班酋長衝進耶律阮的帳內，耶律阮此時正睡得不省人事，於是就在夢裡被耶律察割舉刀砍死了。

事後，耶律屋質很快帶兵消滅了察割叛軍，但對已死的耶律阮來說，已經沒有意義了。耶律阮在親人的反對聲裡即位，在位三年，最終也沒逃出被同族人殺死的命運。真可謂是難逃一死了。

「橫渡之約」後，耶律阮的皇位得以穩定，對於擁立他即位的功臣們也都論功行賞，同時又強化統治措施。實質上擁護耶律阮即位的人，有很大一部分是因為和述律太后不和。述律太后下臺，耶律阮地位穩定後，這些守舊的貴族們因為耶律阮推崇中原文化，並任用漢人擔任要職而產生了新的不滿，以致最後叛亂不斷，兵戎相見，最終釀成了耶律阮被殺的慘劇。

帳殿傳來的慘叫

元英宗孛兒只斤・碩德八剌（西元一三〇三～西元一三二三年），蒙古族，元朝第五代皇帝。西元一三一六年立為皇太子，即位時十八歲。元英宗碩德八剌自幼受儒家教育，通曉漢族文化儀典，沒想到反而導致他成為蒙古皇帝中的一個犧牲品。西元一三二三年八月，元英宗自上都（今內蒙古正藍旗東）北返大都（今北京），途中駐營於南坡店（上都西南三十里）被鐵失等刺殺，史稱「南坡之變」。英宗死時只有二十一歲，廟號英宗，諡號睿聖文孝皇帝，蒙古諡號格堅汗。

▲ 元英宗孛兒只斤・碩德八剌

「南坡之變」的來龍去脈頗有些複雜。元英宗碩德八剌自幼深受儒家思想的影響，他處事有主見，為人剛毅果決，已經具有身為帝王的優秀條件，在政治上原本應該大有作為。不幸的是，他生在蒙古族統治的元朝。元朝時期，社會上對漢族文化帶有很強的排斥意識，元英宗卻一心推崇儒學文化，促進漢化。

元英宗的父親元仁宗去世後，權臣鐵木迭兒被任命為右丞相，他趁元英宗尚未立穩根基，勾結朋黨，剷除異己，一時間權傾朝野，形成了一個典型的傾向蒙古方面的保守派。元英宗一即位就遇上這樣的形勢，為了鞏固自己的皇權，他封太祖功臣木華黎後裔拜住為左丞相，試圖在朝中牽制住鐵木迭兒的保守勢力。

鐵木迭兒為人陰險貪虐，又與太皇太后答己相互聯合。元英宗親政初期，對於太后和權臣的為難，只能被動防守。元英宗暗中積蓄反攻勢力，當他覺得自己的力量可以對抗鐵木迭兒時，便開始大批任用漢族官僚和知識份子，同時罷免了一批依靠特權佔處高位的蒙古官員，並下令追查鐵木迭兒的貪污證據。不久，下令罷免鐵木迭兒的丞相之職，對其進行抄家並沒收其財產，處死了一大批追隨鐵木迭兒的反對勢力。可是沒過多久，太皇太后答己就直接下令恢復了鐵木迭兒的相位。鐵木迭兒東山再起以後，立即以「違背太后旨意」、「接詔書時態度不恭敬」等罪名，先後誣殺了好幾個反對他的正直大臣。

西元一三二二年八、九月間，答己太后和鐵木迭兒先後去世，元英宗藉此機會，迅速擬定罪狀，以貪贓枉法的罪名將鐵木迭兒之子、宣徽院使八思吉思處死，又下令追奪鐵木迭兒一切官爵、抄沒家產，並將其罪狀公布天下，下令嚴格追查鐵木迭兒的黨羽。在對鐵木迭兒勢力進行了清算以後，元英宗似乎可以長舒一口氣了。

同年十月，元英宗頒布了一系列的改革措施。先是迅速加封親信拜住為右丞相，同時廣泛起用漢族官員和儒士，如張珪、吳元珪、王約、吳澄等；發布《振舉臺綱制》，要求推舉賢能，選拔人才……清除鐵木迭兒餘黨，查處他們的貪贓枉法事件。從這些改革政策中不難看出，元英宗對政治投入了很高期望，可是歷史並沒有給他施展拳腳的機會。雖然答己太后和鐵木迭兒已經去世了，可是蒙古族的保守派仍然存在，而且改革會損害蒙古貴族的利益，這些措施遭到不少保守的蒙古貴族反對，也激化了元英宗與蒙古貴族的矛盾。

鐵木迭兒倒臺以後，他的義子，也就是禁衛軍將領鐵失，和以他為首的餘黨雖然沒有被清算，但是日夜惶恐，擔心有天元英宗會來找他們的麻煩，受到元英宗一系列改革措施的刺激，鐵失等人開始密謀政變。

西元一三二三年八月初二，鐵失派人前往土拉去見撫軍漠北的晉王也孫鐵木兒。也孫鐵木兒是甘麻剌的長子，甘麻剌是元世祖忽必烈太子真金的大兒子，當年就被忽必烈封為晉王，賞賜金印。

使者將鐵失的政變計畫告訴他，又承諾假如能夠成功，將擁戴也孫鐵木兒為帝。

八月初五，元英宗準備起駕南返上都。途中駐蹕離城三十里的南坡店。多年以前阿里不哥對元世祖忽必烈發動叛亂，也是在上都，這裡一向是保守派蒙古貴族勢力盤踞的據點。因為蒙古保守派在上都很佔優勢，鐵失臨時改變政變計畫，決定利用「地利」優勢，先對元英宗動手。

鐵失迅速集結了一批對元英宗心存怨恨的守舊貴族，再以阿速衛親軍為外應，計畫當晚發動政變，殺掉丞相拜住和元英宗。入夜後，埋伏在周圍的衛士聽到號令便一起衝入元英宗的行帳，鐵失親自動手殺害了這位年僅二十一歲的皇帝。史稱「南坡之變」。

元英宗死後，鐵失等人當夜策馬馳往大都，收封省部印信後，按照約定將玉璽送到了漠北晉王也孫鐵木兒的鎮所。九月，也孫鐵木兒在漠北即位，次年改元泰定，史稱元泰定帝。

元英宗立志消除民族分歧、促進民族融合、學習儒家文化的舉措，都是值得讚揚的。可是在以蒙古人為首的元朝，這個做法顯然有點「崇洋媚外」，遭到蒙古貴族的攻擊是必然的，元英宗為此付出了性命的代價。當然，元英宗進行的改革也存在瑕疵，因為，改革和元英宗的自身狀況貼近，沒有顧及到那些沒接受過儒家思想的蒙古貴族，所以，元英宗的改革觸犯了保守一派的利益，也是引發「南坡之變」的根本原因。

第三章

守不住的江山，保不住的性命

一不小心成了暴君

帝辛，名受，後世人稱殷紂王或商紂王。西元前一〇七五年即位，西元前一〇四六年去世，在位三十年。相傳帝辛天資聰穎，才華過人，繼位以後，重視農桑，國力強盛一時。同時擴大軍事，將商朝勢力擴展到江淮一帶，國土擴大到山東、安徽、江蘇、浙江、福建沿海。但世人對帝辛最深的印象還在「武王伐紂」的故事情節上。

帝辛和商紂王，是同一個人，都是商王朝末代君主的稱號。一個人有兩種稱號，在中國歷史上唯此一例。

▲ 紂王墓

這兩個稱號差別之大，也突顯了人們對紂王褒貶不一。

在正史的記載裡，紂王其實是個很有本事、能文能武的人。統治期間，他將位處東南的東夷和中原統一起來，但也是征伐東夷這場勝仗中，間接將紂王變成亡國之君。雖然征服了東夷整個部族，但損失卻也不小，俘虜人數過於龐大，一時無法消化，此時周武王趁虛而入，大批俘虜藉此倒戈，使商朝亡了國。戲劇性的是，即使周武王打了過來，亡國當頭，老百姓仍擁護紂王，就這樣，寧死也不投降的紂王以自殺的方式為商朝殉葬了。

在野史裡，尤其是後來的《封神演義》中，將紂王妖魔化了。將他說成是荒淫殘暴、活挖心肝的昏君。商紂王，或殷紂王，則是周人侮辱、蔑視性的稱呼。商，是國名，是提醒人們，這是前朝的，被我們滅掉的。殷，則是地名，與日本稱東北為滿州一樣。如果說這還只是冠以蔑視性稱號的話，那麼，紂則是侮辱性稱呼。

紂王最後的命運，司馬遷《史記．周本紀》中有記載：紂王走投無路，返回城裡登上鹿臺，把金銀珠寶堆在身邊，放火自焚了。這就是紂王自焚之說的來源。由於司馬遷有這樣的記載，後世關於紂王的死，多依從這種說法。

在後世的傳說裡，紂王即位時，商朝已經是日薄西山。此時的紂王也無力救國，就用他的權勢盡情玩樂。他將國事丟在一邊，整日埋頭花天酒地中，醉生夢死。

商的屬國蘇國知道紂王好色，便給紂王獻上一位絕色美女叫妲己。紂王初見妲己，深陷在妲己的美色中不可自拔。可是妲己卻並沒有賢良之德，她不僅脾氣很怪，而且性格陰險殘暴。一次，紂王為了討妲己的歡心，派人挖了一個大池子，用美酒蓄滿，池子周圍移植上很多樹木，在樹枝上掛著肉塊。每日召來許多青年男女在酒池裡戲水，如果誰能從酒池裡躍身而起咬到樹枝上掛的肉，還可以得到豐厚的獎賞。這便是歷史上所謂的「酒池肉林」。實在荒唐淫逸，這樣的國家哪有不滅亡的道理。偏偏妲己喜歡看這種遊戲，每次看到都會笑得花枝亂顫。紂王為博取妲己一笑，酒池肉林裡幾乎是日日笙歌。

紂王如此揮霍財力，日積月累下來，國庫自然會負擔不起。紂王於是增大賦稅，搜刮民脂民財，並將從全國各地搜刮來的金錢收在一處，貯存在都城朝歌的一個高大建築物裡——也就是我們熟知的鹿臺。

百姓們生活在水深火熱之中，紂王自然不得民心。此消彼長，當百姓為了尋求活路紛紛結隊逃亡到其他國家時，也間接地壯大了周武王的軍隊。可是這樣荒唐的紂王，卻有一批忠心耿耿的手下。但紂王性格兇殘，不僅對大臣的勸諫不以為然，還會將對自己提出異議的大臣用殘酷的手段殺死。

妲己在宮中久了，對奢靡的事物失去了興趣，紂王便發明了一種刑具，以殺人供妲己取樂。這個刑具是一根空心的銅柱子，將要處死的人剝光衣服綁在這根銅柱子上，然後在柱子的空心中燒火，銅柱漸漸變熱，被綁著的受刑人就痛苦掙扎，最後被活活烤死。這種酷刑被叫做「炮烙」。

妲己一看到受刑人臨死前的掙扎就開心，而紂王一看到妲己笑就開心。因此，紂王以後最費心思的事便是尋找理由每天殺人，不得不說，妲己雖然生得嬌豔美麗，可是心腸真如蛇蠍般殘忍。

紂王有個耿直的大臣叫梅伯，對紂王用「炮烙」殺人很不滿。他冒死覲見勸說紂王取消這種酷刑。

紂王早已聽不進反對的話，便笑嘻嘻地對梅伯說：「其實『炮烙』並不殘酷，死的人也並不痛苦，不信的話你可以自己試試。」說完就命宮殿衛士剝掉梅伯的衣服，把他綁在空心銅柱上。紂王望著被燒紅的銅柱烤得撕心裂肺慘叫的梅伯說：「不像你想的那麼殘酷吧？」然後又令人把梅伯放下。

死裡逃生的梅伯卻仍堅持說：「大王，為人君應當仁慈，你這樣簡直是罪大惡極！這樣下去，百姓們都會起來反叛你的，商朝的江山就會斷送在你手裡了。」

紂王一聽，勃然大怒，一揮手，叫衛士再把梅伯綁到銅柱上，點火再烤。

梅伯對紂王說：「大王，請你答應我，老臣是最後受炮烙之刑的人。這樣老臣死而無怨。」

這時，在朝的大臣們都已看不下去了，齊齊跪在地上求紂王繞過梅伯。

紂王點點頭對眾大臣說：「好吧！就免去『炮烙』之刑，改成殺頭，然後再將他剁成肉醬。你們大家都嚐嚐這烤得半熟的肉醬的味道，記住梅伯的教訓，今後不能隨便誹謗我。」

梅伯死後，再他無人敢勸說紂王了。這個昏君也變得更加肆無忌憚。

就在紂王整日花天酒地享樂之時。西伯姬昌的兒子周武王已率領大兵搶渡過黃河，直向商朝的都城步步逼近。

等到周武王的軍隊打到紂王都城腳下時，紂王想要保衛都城已經來不及了。情急之下，紂王竟把戰俘拼湊起來，又將監獄裡的犯人放出來，組成臨時軍隊，對抗周國的軍隊。這群戰俘犯人原本就恨透了紂王，此時終於有機會被放出來，戰鬥時紛紛倒戈，反而成了周國的先鋒，與皇宮衛隊展開了廝殺。一仗打下來，商朝的軍隊全面瓦解，一敗塗地。

紂王得知消息時，再也沒有心情玩樂了。心知自己的性命必然無法保全，於是他爬上了鹿臺，跪倒在珠寶面前，點起一把熊熊大火，讓自己的生命與財富同歸於盡。但可笑的是，雖然這把大火結束了紂王的生命，卻並沒有燒毀鹿臺的金銀珠寶，反而成了朝賀周武王的禮物。

自此，商朝歷時六百餘年的統治結束了，新的王朝——周朝開始了，周武王也成了新一代的君主。

史上對紂王的評價褒貶不一，眾說紛紜，自古成王敗寇，歷史總是戰勝者的官方意識形態。也許紂王曾經真的是一個賢德的君王，但在主流的歷史中關於他的負面評價，最終成為紂王的烙印。我們只能從零星史料中，依稀窺測到商人記載的那段歷史，與廣為流傳的周人記載完全不同。

想活命怎麼這麼難？

北齊後主高緯（西元五五六年～西元五七七年），北齊建國十七年後，高緯即位。北齊是個短命的王朝，北齊的皇帝骨子裡都有神經病傾向，一方面荒淫於醇酒美人、聲色犬馬，過著豪奢的生活，一方面又殘殺宗室，不顧親情。北齊政權裡的高姓皇帝，可以說個個都是標準的紈絝子弟。北齊後主高緯，雖然政治上除了寵信和士開等小人外毫無可書，但他醉生夢死的宮廷生活以及嗜殺殘暴的性格，卻完全超過了北齊的前四位皇帝。西元五七七年，北周武帝攻打齊國，高緯為了逃避責任將皇位傳給了自己的兒子高恆，可惜隨後北周軍隊攻至青州，高緯最終沒能逃掉亡國之君的命運。

▲ 馮小憐

說到高緯，就一定要說說他身邊的妖后馮小憐。

馮小憐原本是穆皇后身邊的侍女。由於當時高緯正寵愛彈得一手好琵琶的曹昭儀，穆皇后為了抵制曹昭儀，將馮小憐送給了高緯。馮小憐也不負厚望，很快就以自己的狐媚手法將高緯迷得神魂顛倒。

相傳馮小憐的玉體曲線玲瓏，凹凸有致，簡直就是天生的尤物。高緯對馮小憐的專寵很快就達到獨一無二的程度，荒淫的高緯在與大臣議事時也讓馮小憐膩在他懷裡，使議事的大臣常常羞得滿臉通紅，語無倫次。最可笑的是，高緯竟然認為「好的東西要與人分享」，他認為像馮小憐這樣的可愛尤物，不能只由自己獨享她的美豔，應該讓全天下的男人都欣賞到。於是在高緯的安排下，馮小憐玉體橫陳在大殿上，以千金一票的價格，讓男人們觀賞，實在是荒唐至極。

在馮小憐的慫恿下，高緯不僅殘殺無辜，荒唐的行為也是數不勝數。北周武帝對北齊發起進攻時，高緯竟然不發兵，繼續跑出去狩獵，理由是馮小憐不同意。甚至在與北周武帝交戰失去平陽時，高緯居然講出：「只要馮小憐安然無恙，戰敗有什麼可怕的！」

假使高緯同時代的都是像他這樣的昏君，北齊政權仍能殘喘幾年。不幸的是，與北齊為敵的正是雄才大略的北周武帝宇文邕。北周武帝起初即位時，正當北齊第二位皇帝高演自立。兩國交戰初期，北周始終處於弱勢，每到冬天，周國人都會搗碎兩國界河上的冰，防止齊國偷襲。北齊第三位皇帝高湛即位後，兩國形勢已經發生了逆轉，變成齊國人搗碎河冰來防止周國人攻襲。北齊後主高緯即位後，寵信小人，殘殺宗室和將領，致使齊國在面對北周的侵略時，竟沒有任何一個能領兵打仗的將領。

高緯在位期間，有人告發他同父異母的兄弟南陽王高綽殘害百姓。高緯在召見高綽時卻問他有什麼好玩的娛樂？高綽答道：「將蠍子和人混在一起，觀看那人掙扎最開心。」

於是，高緯連夜派人搜尋蠍子，第二天清晨，高緯命人將蠍子放進一個大盆裡，然後綁縛一個人扔進去，與高綽一同看那個人被螫得嚎叫翻滾。高緯看得喜不自禁，對高綽埋怨道：「有這麼好玩的事，為什麼不早點派人告訴我。」自此以後，高綽榮升為大將軍，整天與高緯玩在一起。兩個紈絝子弟一心都忙在娛樂方面，絲毫不顧北周的虎視眈眈。

西元五七六年十月，北周武帝親率十萬大軍，向北齊發起大規模進攻。第一個目標就是軍事重鎮——晉州（今山西臨汾）。此時的高緯卻只顧著和馮小憐在鄴城郊外打獵。雖然晉州的告急文書從早到晚一封接著一封，可是高緯的右丞相高阿那肱卻揚手把文書扔到一邊，若無其事地說：「皇上正在興頭上，邊境交兵是日常小事，何必大驚小怪！」直到黃昏，晉州陷落，高緯才得知打仗的消息。但高緯第一時間的反應不是奪回失地，而是惶恐地想要回宮避難。可是馮小憐卻不同意，高緯見到寵妃對自己撒嬌請求多玩一會兒，立即忘了國事，也忘了自己的恐懼，反而欣然答應。

晉州陷落幾天後，高緯才想起派遣大將安吐根率軍收復晉州。安吐根抵達晉州郊外時，想出計謀派部下在城外深挖地道，通向晉州城。可是剛過幾日，地道已經通到晉州城內，高緯卻叫停了進攻，因為馮小憐想去地道裡面玩。北齊的士兵只好先等馮小憐前來觀賞，等馮小憐塗完脂粉慢慢趕到後，周武帝的八萬援軍已經趕到晉州城外。安吐根等大將立即率軍反攻，此時的高緯卻臨陣脫逃，原本就處於下風的北齊軍隊頓時軍心渙散，大敗而逃。晉州也徹底收復無望。

高緯自顧逃命後，周國軍隊又趁機轉攻鄴城，無能的高緯得知消息以後坐立難安。大臣斛律孝卿為了重振士氣，請求高緯親自安撫士兵，並且將高緯的發言稿都準備好了，還告訴高緯到時候只要一邊聲淚俱下，慷慨悲壯，一邊背稿子就好了。可是等到高緯要發言時，竟然忘記要講什麼了，想了半天，看著士兵們居然只是傻乎乎地笑。左右侍從見高緯如此，也跟著附和著笑。將士們見到國君國難當前，竟還如此輕薄，徹底心灰意冷。

很快周軍就攻到了鄴城，高緯得知大勢已去，竟然想逃避責任，匆忙間將皇位禪讓給他八歲的長子高恆，高緯則自稱太上皇。可是沒過幾日，北周的十萬大軍就放火燒了城門，浩浩蕩蕩攻了進來，高緯父子得知鄴城陷落，只好逃亡青州。但北周部隊突然兵臨青州，高阿那肱趕忙打開城門，高緯父子等十多人被俘。六個月之後，周武帝藉口高緯父子想和北齊殘餘亂黨謀叛，把高緯、高恆等全部殺死。

高緯即位時，腐朽的北齊政權已經搖搖欲墜，加上他荒淫無道，寵信小人，殘殺將領，導致北齊政權迅速衰弱。李商隱曾寫詩諷刺道：「小憐玉體橫陳夜，已報周師入晉陽。」北齊短暫的政權下，孕育出來的都是荒淫殘暴的君主，短命的北齊王朝，最終被北周殲滅，對百姓而言也許是更好的歷史。

好頭顱，由誰來砍？

隋煬帝楊廣（西元五六九年～西元六一八年）是隋朝第二代皇帝。他在位期間修建大運河（開通永濟渠、通濟渠，加修邗溝、江南運河），營建東都，遷都洛陽城，開創科舉制度，親征吐谷渾，三征高麗，終因濫用民力，造成天下大亂，導致了隋朝的滅亡。西元六一八年，隋煬帝在江都被部下縊殺。他是歷史上頗多爭議的帝王，其文治武功有目共睹，其殘暴荒淫更是傳播甚廣。

▲　隋煬帝楊廣

隋煬帝是一代才子，詩詞歌賦、琴棋書畫，皆是獨領風騷。他修建京杭大運河，勞民傷財，使得百姓苦不堪言，但直到今日仍然功不可沒。

綜觀楊廣的一生，他能文能武、有勇有謀，可以說是絕頂聰明，但他的奢靡浪費也到了極點。不過，這並不完全是因楊廣貪圖享受，而是為了顯示帝國君主的富有與威嚴，也可以說楊廣本身虛榮心強，好面子。

比如早期與西域的貿易往來，本應是互惠互利的好事，但楊廣卻認為自己高高在上，在朝貢式貿易思想的指導下，最終演變為隋朝大肆地向西域炫耀富有，使得隋朝政府賠了很多錢。到了西元六一〇年正月，楊廣變本加厲，從西域招來大量的商人使者朝賀，並讓其在洛陽免費吃住。雖然天威有了，但國庫也因此虧損得很厲害。國庫一虧，自然會加大稅收來維持楊廣的生活資本。

說到隋朝與高麗的戰爭，還是為了楊廣的虛榮心。起初楊廣要求高麗來隋朝賀，但高麗拒絕了，這讓楊廣的顏面往哪裡放。你們不來，我過去總行吧！就為了這一點面子，楊廣接連發動三次遠征，導致帝國迅速崩潰。好大喜功帶來的負面影響，可以說是楊廣一手造成的。

身為一個皇帝，天下都已經是他的了，偏偏楊廣除了喜歡炫富以外，嫉妒心也很強。楊廣的詩寫得好，這已經不是祕密。在《全隋詩》裡共錄存其詩四十多首。做為一個好大喜功的皇帝，楊廣唯一的藝術氣質體現在偶爾即興寫首詩。可是楊廣的嫉妒心不允許別人詩作比他好，碰到比自己寫得還好的人，楊廣不但沒有選才錄用、惺惺相惜的感覺，反而一定會找個理由將這人殺掉。

如果說這些性格缺陷還不足夠亡國的話，那楊廣不接受任何意見可以說是他最致命的弱點。要知道，齊王與鄒忌，李世民與魏徵，這些千古佳話都證明國君要學會接受納諫。身為一個皇帝，一定要寬厚、仁愛。楊廣的殘暴已是臭名昭著，但他不願意接受意見。他曾對大臣說：「我這個人最不喜歡聽相反的意見，對所謂忠誠納諫的人，我最不能忍耐。所以你們要想加官進爵，就一定要聽話。」話已至此，以後誰還敢再說實話？一個人，尤其是君王身邊一旦沒了說實話的人，奸佞小人的猖獗則是必然。

西元六一六年前後，在楊廣無道的統治下，百姓終於忍無可忍。各地起義軍逐漸會合，此時隋朝已經民不聊生，國庫空虛，無力戰爭。很快，隋朝軍隊就被打敗，江淮流域被起義軍們控制。此時的楊廣，形如困獸。但他仍然沉浸在自己的盛世之夢裡，對外界傳來的起義消息一概充耳不聞，反而變本加厲的流連在後宮的數百美女之中。

瀕臨末日的楊廣在亡國前夕，無奈對著鏡子問：「好頭顱，由誰來砍？」蕭皇后見此只得安慰他，但他又要說維護面子的話：「貴賤苦樂，互相交換，沒什麼好傷心的。」也許他當時仍在幻想即使隋朝亡了，他也能像陳叔寶一樣被封個公爵，還可以活下去。

西元六一八年，楊廣親信的宇文化及將軍率領禁衛軍闖進了宮。楊廣聽到宮女報告消息，竟因不知所措，將宮女下令處斬了。這個宮女也許是楊廣生前殺的最後一個人。

斬了宮女，楊廣迅速找了一間宮室躲了起來。奈何恨楊廣的人太多了，楊廣剛藏好身，就被另一個宮女指出了藏身所在。直到禁衛軍將楊廣拖出來，楊廣仍能恬不知恥地說：「我是皇上，我犯了什麼罪，要這樣對我？」禁衛軍並不聽楊廣廢話，直接將他最寵愛的幼子——十二歲的楊杲在他面前殺掉。之後楊廣也被禁衛軍勒死了。終年五十歲。

楊廣結束了功過相當的一生，隋文帝楊堅好不容易打下的天下，就這樣輕而易舉的毀了。隋朝的存在，竟只有短短三十八年。當唐朝的江山坐穩以後，對楊廣這個暴君，謚其為煬皇帝。而可笑的是楊廣的父親楊堅當初在滅南陳時，給陳後主陳叔寶的謚號也是「煬」字。並解釋說：好內怠政，好內遠禮，去禮遠眾，逆天逆民曰「煬」。

對於「煬」這個謚號，如果楊堅父子泉下有知會做何感想？

同為將領出身，殺父繼位的君主李世民就能流芳百世；同為滿腹才學、詩書皆通的亡國之君，李煜就被唏噓感嘆；為何唯獨楊廣，遺臭萬年。一個眾所周知的事實：隋煬帝在隋亡後被定論成歷史上最壞的皇帝。同時，他也是中國封建社會歷史上建樹最多的皇帝之一，創科舉、開運河、訂法律、辦學校、平戰亂，這一段歷史，是中國歷史上最具光彩的一段，不可磨滅。綜觀後世，明朝皇帝十有八九都很昏庸，仍勉強維持了兩百七十七年，不得不說，楊廣實在「太有才能」，他僅用了十五年就將自己的墳墓挖掘好了，還有整個隋朝做為陪葬品。

被父親推向死路的皇帝

唐哀帝李柷（西元八九二年～西元九〇八年），原名李祚，唐朝末代皇帝，從小顛沛流離，在腥風血雨、惶惶不安中過日子。天佑元年，唐昭宗被權臣朱全忠（朱溫）殺害，年僅十三歲的輝王李祚被朱全忠立為皇太子，當天於昭宗柩前即位，是為唐哀帝。在位三年，被廢。次年被朱全忠以鴆毒殺害，享年十七歲，葬於溫陵。

唐哀帝即位那天，正是他父親唐昭宗出殯的日子。皇親國戚、嬪妃宮人、文武百官沒有一個人敢為唐昭

▲ 唐哀帝即位玉冊

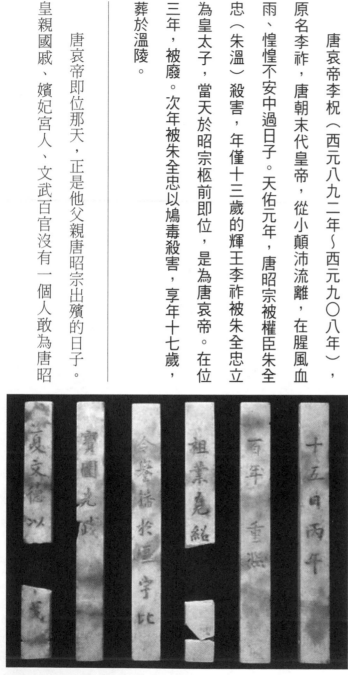

宗的去世哭出聲來，更沒有人因為新帝即位而感到開心。此時的宮中充滿了恐怖氣象。

唐哀帝即位後，甚至連「天佑」的年號都沒有更換，可是老天仍舊沒有保佑曾經盛極一時的大唐王朝，更沒有保佑這個年幼的皇帝。天佑二年（西元九〇五年）二月九日，剛即位半年的唐哀帝眼睜睜地看著朱全忠對自己的兄弟進行了屠害。

那天，朱全忠派樞密史蔣玄暉邀請唐哀帝的幾個兄弟：德王李裕、棣王李羽、虔王李楔、瓊王李祥、沂王李禋、遂王李緯、景王李祕、祁王李祺、雅王李禛等親王，到洛苑的九曲池赴宴。宴會當中，忽然闖進來一群兵士，人人手中都持有粗繩利刃，公然將皇親抓住，全部活活勒死，並將屍體投進了九曲池。

年僅十四歲的唐哀帝得知兄弟們被朱全忠殺害後，連放聲哭泣都不敢。失去父親和兄弟的哀帝，只剩他的母親何太后與他相依為命。已經無依無靠的哀帝，只能按照朱全忠的意思做事，將朱全忠的政治地位和威望一步步提升和鞏固。天佑二年六月，朱全忠又在親信李振和朝廷宰相柳璨的鼓動下製造了一起慘案，他下令將忠於哀帝的裴樞、獨孤損、崔遠等朝廷大臣一共三十多人，集中在黃河邊的白馬驛全部殺死，並投屍於河內，這一震驚朝野的事件，史稱「白馬之變」。

天佑二年（西元九〇五年）十月，朱全忠儼然成了實際意義上的皇帝，他讓哀帝下詔將敕成德軍改為武順軍，下轄的槁城縣改為槁平，信都改為堯都，欒城改為欒氏，阜城改為漢阜，臨城改為房子，這些舉措都是為了避諱朱全忠祖父朱信、父親朱誠的名諱。從避諱朱全忠父、祖的名字上就可以看出，朱全忠篡位的野心已經急不可待了，此時朱全忠已經超越了君臣的身分關係。

所謂「時政出賊臣，哀帝不能制」。他名義上的上朝，也會以各種冠冕堂皇的藉口停罷。哀帝能夠做的，就是順乎朱全忠的意思。可是，哀帝的悲劇人生沒有因此結束。天佑二年冬季，朱全忠篡位的野心已經毫不收斂。雖然哀帝已經對朱全忠言聽計從了，但朱全忠對地位和威望的渴望已經不能滿足。

何太后感覺到朱全忠的野心，擔心母子倆的性命朝不保夕。一天夜裡，何太后想到遭人脅迫的日子，哭得十分傷心，於是派宮女阿虔、阿秋去找朱全忠的心腹大將蔣玄輝，請求他在唐哀帝禪位後盡力保全他們母子倆的性命。很不湊巧，這件事被朱全忠的另外兩個心腹王殷、超殷衡知道了。王殷、超殷衡一合計，此時正是剷除蔣玄輝的好機會，於是他們向朱全忠誣告說：「蔣玄輝、柳璨、張廷範在積善堂夜宴，對何太后焚香發誓，一定光復唐室。」多疑的朱全忠聽到後，當即派人將蔣玄輝殺了。

幾天以後，又藉口「玄暉私侍積善宮皇太后何氏，又與柳璨、張廷範為盟誓，求興唐祚」，將何太后也殺死，被殺的還有宮女阿虔、阿秋。何太后冤死後，朱全忠並不滿足，又逼迫哀帝下詔將自己死去的母親廢為庶人。不久，宰相柳璨被貶賜死，太常卿張廷範被五馬分屍，其同夥被除名賜死者若干。朱全忠儼然是生殺予奪，大權在握。

何太后死後，哀帝徹底變成了「孤家寡人」。他沒有皇帝應享的自由，身邊全是朱全忠派來監視他的人。

天佑四年三月，在一番虛假的推辭後，時為天下兵馬元帥、梁王的朱全忠，終於接受了哀帝的「禪位」，並改名為朱晃，建國號梁，史稱「後梁」，又將國都遷到開封，改元開平。大唐帝國近三百年的基業最終不可避免地倒塌了。哀帝禪位後降為濟陰王，被朱全忠遷移到開封以北的曹州（今山東菏澤），住在朱全忠親信氏叔琮的家中，朱全忠還命人將哀帝居住的四周圍滿了荊棘。雖然，朱全忠建立了自己的國家，但很多唐朝的大臣並不承認梁朝的存在。「名不正、言不順」的朱全忠開始擔心，害怕各地軍閥會擁立已被廢掉的哀帝。朱全忠終於下定決心剷除哀帝這枚不定時炸彈。

天佑五年，年僅十七歲的哀帝被朱全忠鴆殺。哀帝死後，朱全忠為其加諡為「哀皇帝」，以王禮葬於濟陰縣定陶鄉（今山東定陶縣）。

唐哀帝的一生十分殘酷，在亡國之君裡面，年輕的哀帝可以說是最沒有尊嚴的。哀帝做為傀儡皇帝注定要看著自己的國家滅亡，大唐帝國的興盛一去不復返了。也許只剩下哀帝那孤寂的墳塚，還訴說著曾經繁榮昌盛的大唐帝國，竟這樣輕而易舉毀滅，的確叫人無奈。唐王朝滅亡以後，中國又一次進入了大分裂時期——五代十國。

站在大火裡的人

後唐末帝李從珂（西元八八五年～西元九三六年），五代時期後唐皇帝，為後唐明宗李嗣源的義子，原姓王。西元九三七年，「兒皇帝」石敬瑭率大軍打到後唐帝都洛陽，眼看洛陽被破，末帝李從珂帶著全家老小登上洛陽的玄武樓，點起一把大火燒死了自己和家人。死後無諡號及廟號，史家稱之為末帝或廢帝。

▲　石敬瑭

如果不是後唐明宗李嗣源出兵恰巧路過平山，如果不是李從珂那年輕貌美的寡婦母親魏氏正好經過兵營，也許李從珂的一生只是個普通的百姓，不會登上皇位成為一國之君，更不會落得自焚而亡的下場。

或許，這就是所謂的造化弄人。李嗣源在征途上遇見了新寡魏氏，一見傾心不可自拔，便將魏氏母子帶了回去。當時的李從珂只有十多歲，李嗣源愛屋及烏，把李從珂當作親生兒子一樣寵愛。

這時候的李嗣源只是一個功高震主的大將。在混亂的時局下，長大後的李從珂便跟隨李嗣源出征打仗，憑著自己的勇猛很快就名震三軍，甚至連李存勖也說：「阿三像我一樣勇於死戰啊！」阿三，即是李從珂的小名。

李嗣源能夠得到皇位，有一部分功勞要歸於他的義子李從珂。

當時，後唐與後梁兩軍在黃河岸邊交戰，梁軍處於下風，李從珂帶著十幾名騎兵混在梁軍中，和他們一起後退。退到梁軍的軍營大門時，李從珂忽然大喊一聲，連殺多個梁兵，然後用斧頭砍下梁軍的瞭望杆，從容地回到了後唐的軍營。李存勖見狀，不禁大叫：「幹得好，阿三！」當即命人拿了酒來，親自敬了李從珂一大杯。這件事情不僅使驍勇善戰的李存勖對李從珂加深了喜愛，也對李從珂的父親李嗣源緩解了防備。

後來，李嗣源篡位稱帝。李從珂既是受寵的皇子，又是善戰的將軍，滿以為將來李嗣源會將皇位傳給自己。可是在李嗣源死後，李從珂的希望卻落空了。李嗣源的皇位傳給自己的親生兒子李從厚。但是李從厚為人優柔寡斷，又排斥賢臣，只知道寵信朱弘昭和馮斌兩個小人。雖然朱、馮二人並無才幹，但在排除異己這件事上卻做得出奇的好。

李從珂被朱、馮二人視為眼中釘。沒做成皇帝的李從珂本來就心有不滿，又受到朱、馮二人的排擠。李從厚對李從珂也有戒備，將李從珂的兒子李重吉貶到邊遠的亳州任團練使，又把他當尼姑的女兒李惠明召入宮中做了人質。最後，當李從厚下旨剝奪李從珂的兵權時，忍無可忍的李從珂走上了謀反篡位的道路。李從珂召集眾臣，以「清君側，除奸臣」為名，請求各節度使共同出兵攻打帝都，殺掉朱弘昭等人。

李從珂的兵力畢竟比不過天子，在鎮壓的軍隊攻到李從珂城下時，本以為沒有希望的李從珂忽然靈機一動，想到利用自己征戰多年屬下眾多的優勢。於是，李從珂脫掉自己上身的衣服，露出身上的一道道傷疤，站到城牆上一邊放聲大哭，一邊哽咽著說：「我不到二十歲就跟隨先帝出征，四處奔走，出生入死，毫無怨言，創傷遍身都是。你們大家和我一同跟隨先帝四處征戰的也很多，也為國家社稷的復興立下了功勞。而現在朝廷卻由奸臣當政，對我妄加猜測陷害，你們大家都知道我、瞭解我，我以前對你們如何，你們心裡也清楚，為什麼還要被奸臣利用，替他們殺自己的朋友呢？」聽到李從珂這一番話，城下將士不無動容，於是紛紛放下兵器不再攻城，歸附的人接連不斷，此消彼長，李從珂的勢力就這樣建立起來了。

不久，李從珂就奪取了帝位。但是，李從珂是一個有能力奪取皇位，卻沒有能力治理國家的人。

有人曾說，李從珂根本就不想做皇帝，只是形勢所迫被逼謀反。

想來也是，李從珂十幾歲之前跟隨母親過著貧苦的生活，沒有受過教育，雖然後來被李嗣源收為義子，但多數時間都是在打仗或是正在去打仗的途中。

據說李從珂幾乎不識字，除了領兵打仗對政治又半點不懂，因此奏章都交給朝中大臣批閱，自己不管不問。即使在國家大事上也基本都是聽從下屬的。李從珂政治上的無能很快就顯現出來了。處理國家大事毫無條理，做事缺乏判斷力，導致民怨沸騰。最可怕的是這些問題被李從珂的姐夫石敬瑭抓住了把柄，當駙馬覺得不夠過癮，石敬瑭開始想和李從珂一樣透過兵變弄個皇帝當當。這時，李從珂的部隊早已軍紀渙散，雖然他知道石敬瑭有叛變之心，但卻束手無策。

石敬瑭反叛時，李從珂在大臣的勸說下勉強親征，可是剛走到半路，忽然聽到石敬瑭的名字，便嚇得說：「你們不要說石敬瑭，嚇得我心神不寧。」剩下的日子，李從珂猶如世界末日，整日酗酒，高唱悲歌，即使吏部侍郎提出對抗石敬瑭的建議，李從珂都不去做。

西元九三七年一月，石敬瑭的軍隊攻到洛陽城下。李從珂自知大勢已去，手下也紛紛投靠了石敬瑭。往日英勇的李從珂只剩悲天長嘆：「我到絕路了！」十一日凌晨，李從珂帶著曹太后、劉皇后、兒子李重美等一家老小和親信，懷抱著傳國玉璽，登上玄武樓，點起了一把熊熊烈火。就這樣，李從珂以自焚的方式殉葬了後唐的江山。

據傳，李從珂懷抱的傳國玉璽是無比珍貴的和氏璧，李從珂自焚以後，和氏璧也神祕失蹤。雖然李從珂在政治上毫無主見，不過，有一點還是要肯定的，他對於直言進諫的大臣較為寬容。另外，據說李從珂自焚時原本想連皇宮也一同燒掉，後來想到燒毀了皇宮，新天子入都後一定會大興土木，又要勞苦百姓，於是作罷。可見李從珂身為皇帝，「愛民如子」這點上已然勝過很多昏君。

逃亡路上的意外之禍

後漢隱帝劉承佑（西元九三〇年～西元九五一年），沙陀族，後漢的最後一位皇帝。在位時期，內政紛亂，大權旁落，後因誅殺權臣郭威，引發了叛變，西元九五〇年，郭威叛軍攻打開封，劉承佑出逃，在逃亡路上，被近侍刺殺，時年二十一歲。廟號為隱帝，史稱後漢隱帝，葬於穎陵（今河南禹縣西玉橋裡）。劉承佑死後，後漢滅亡。

▲ 後漢隱帝時鑄造的漢元通寶

後漢末帝劉承佑的一生可謂是悲哀至極。高祖劉知遠去世後，劉承佑糊裡糊塗被宰相蘇逢吉等重臣當作傀儡擁立上了皇位，好不容易躲過一劫又一劫，卻被自己手下的人一不小心「誤殺」了。

劉承佑雖然貴為一國之君，實際上是被權臣擁立上位的，政治上的權力一直掌控在權臣蘇逢吉、王章、楊玢、史弘肇手中。劉承佑在位期間其實從來沒有親政，他存在的作用，只是按照蘇逢吉等人的要求頒布指令。可是，劉承佑畢竟是一個有理想有抱負的皇帝，在其位卻不能謀其政，這著實是件很鬱悶的事。因此，劉承佑總想找個機會收回自己的軍權和政權。但是，後漢王朝積弱日久，且權臣們又個個心懷鬼胎。在利益面前，互相爭奪，絕不手軟，一個比一個陰險狠毒，根本就沒把這個想一展抱負的皇帝放在眼裡。

史料上有這樣的記載，一日劉承佑召集群臣開會，會議的主題我們無法得知，但這個會卻很成功，因為會上充分的引發了群眾的討論。當時與會的幾位重臣各有各的想法，誰也不肯退讓。在這樣意見不一的情形下，劉承佑想要展示一下帝王的風度，做一次統領全域的和事佬。在一個大臣幾乎要指著另一個大臣破口大罵時，劉承佑悠悠地站起來說：「你們的想法和意見我都已經明白了，但這件事情還需要再推敲推敲，才能做最後的決定。」

這種時候，尤其在古代講究君君臣臣的封建社會，劉承佑身為皇帝找臺階給大臣下，已經很不容易了。即使是在今天放到任何一家公司，哪個老闆肯這樣對待下屬，做下屬的都要躲起來偷笑。可是史弘肇卻不這麼想，更不考慮劉承佑的皇帝面子，竟然目中無人地對劉承佑說：「推敲什麼，有我們在，沒你說話的份，一旁看著就好了。」此話顯然已經很不拿劉承佑當回事了，即使平時當劉承佑是傀儡，但在堂面上也如此囂張，史弘肇的心已經顯而易見了。

劉承佑身為一個有知覺的皇帝，聽到這句話自然是又羞又惱。自己空有名存實亡的皇帝名頭，倘若有天這些逆臣覺得自己沒有了利用價值，恐怕會立即把自己剷除。於是，不甘心做一輩子傀儡的劉承佑終於下定決心，要除掉這些目中無人的傢伙。

劉承佑先前的隱忍還是有一定作用的，他迅速連結心腹大臣剷除楊玢、史弘肇、王章等平日裡趾高氣揚的權重。劉承佑除奸除上了癮，又想一鼓作氣徹底整治好朝廷。因此，劉承佑又召來大將慕容彥超等人去殺重臣郭威，而他竟然一時興奮，胸有成竹地跑到前線觀戰。郭威聽說後勃然大怒。劉承佑忽略了一點，郭威與楊玢、史弘肇、王章這些文官不同，他是一名武將，手中擁有重兵。劉承佑這次弄巧成拙，將郭威逼得狗急跳牆，直接起兵造反！

兩兵交戰，勝負幾乎沒有懸念，郭威的軍隊將劉承佑的軍隊打得潰不成軍，沒過幾天，劉承佑的人馬聯合跑去投靠郭威。劉承佑本來異想天開等著殺郭威，得知消息後嚇得馬上返回了京城。一路風塵僕僕，堂堂一國之君被嚇得逃回來已經很無地自容，萬萬沒想到，守著京城的將領早已與郭威串通一氣，雖然劉承佑站在城門外面，但守城的士兵就是不開門。

無奈之下，顏面盡失的劉承佑只能帶著心腹轉而向趙村逃跑。這時，劉承佑已經分不清時勢了，只覺得「前有狼、後有虎」，反正就是得逃跑。跑了沒多久，大氣都沒喘上幾口，突然又看到身後塵土飛揚，再仔細一聽，馬蹄聲已經越來越近！劉承佑心想：不好，一定是叛軍追來了。慌忙間，劉承佑下令找一處百姓家避過追兵。

計畫雖然是這樣的，卻出了意外，劉承佑躲難的機會沒了，東山再起的機會更沒了。也許是人算不如天算，已是眾叛親離的劉承佑最後又遭遇了一次背叛，他的心腹郭允明背叛了他。也許是太渴望活著，郭允明看到追過來的軍隊時，心裡想的居然都是投降，可是投降得送降禮才能得到高官厚祿啊，於是，郭允明便想到了劉承佑這個重禮。

在國家利益與個人利益面前，郭允明很直接地選擇了後者。一想到個人利益，郭允明彷彿眼前都是新王朝的建國畫面，而他就是開國大功臣，高官厚祿，簡直是前程似錦。郭允明越想越高興，也就顧不得賣主求榮的罵名，索性一不做二不休趁劉承佑毫無防備，一步跨到他面前，一刀將劉承佑砍死了。

只是郭允明忘記了造化弄人這回事，自己高興了沒多一會兒，就看到了趕來的追兵。郭允明越看越覺著不對勁，再仔細一看，原來那些全是後漢派來保護劉承佑的軍隊啊！郭允明自知罪無可恕，在極度的失望中舉刀自盡了。

可以說，劉承佑死得真的很冤。也許他本來能撥亂反正呢！因為自己信任的大臣一個貪念，劉承佑就陰錯陽差，莫名其妙地被殺死了。

劉承佑確實死得有些委屈，從側面也可以看出五代十國時期，中國再一次陷入割據混戰，王朝更換頻繁，禮樂崩壞，政局不穩。身為皇帝沒有皇權，身為大臣任意反叛。在動盪的社會條件下，人們只求個人的安穩與富貴，不顧國家大義，不顧君臣之禮，不顧政治大統。在弱肉強食的社會，不僅是劉承佑一個人的悲劇，可以說，是那個時代的共同悲劇。

願生生世世不再生在帝王家

南唐後主李煜（西元九三七年～西元九七八年）雖然不通政治，藝術才華卻非凡。善屬文，工書畫，精究六經，旁綜百氏，在中國文學史上佔有一席地位。他不善政治，面對強大的外敵，不是勵精圖治而是借酒澆愁。最後淪為階下囚的日子，他醉心填出的詞最終也害了自己，不知上天對這位詞帝到底是優待還是刻薄。

假使李煜不是皇帝，也許會是一個舉足輕重的文學家。但如果李煜不是皇帝，他也寫不出「故國不堪回首月明中」這樣的佳句。南唐後主的身分，最終成就了他

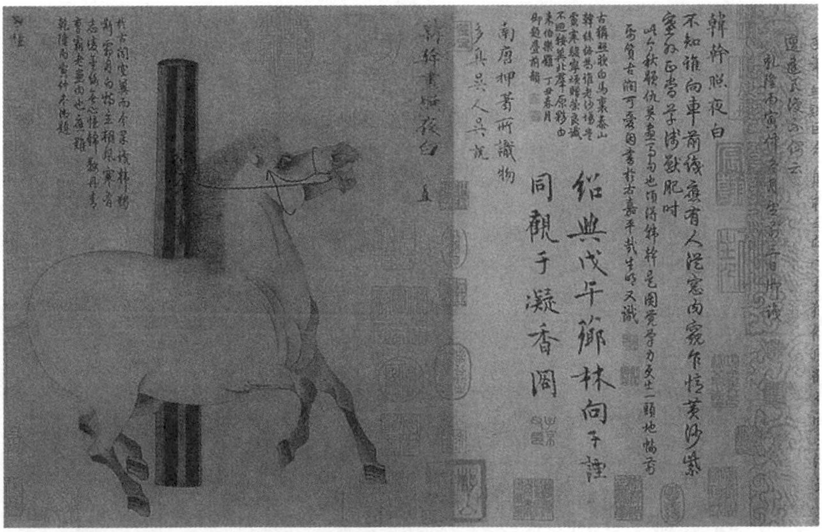

▲　李煜題字

也害了他。

正因為他是皇帝，他的不識政治，不理政務，以及他的那些與眾不同的經歷，才造就了他在詞壇上的輝煌成就。也正因為他在中國文學界的地位，才使他的經歷變得如此唏噓，而不是淪為只顧玩樂的昏君，遭人唾罵。

李煜對佛教有很深的癡迷，以致於被趙匡胤利用。李煜不僅用宮中的錢募人為僧，而且在僧人犯罪時，可以透過誦佛來代替刑法。趙匡胤聽說以後，找來一個口齒伶俐的少年送到李煜身邊，每日與他討論人生和性命之說。李煜漸漸對這個少年是真佛轉世的說法信以為真，從此以後更加沉浸在佛學裡，對治國安邦幾乎不再理會。

李煜對軍事不感興趣，根本不願意用兵。當宋朝已經危及到南唐時，李煜仍遲遲不肯出兵。這時，南都留守林仁肇對李煜說：「我願意領兵萬人北上，收復失地。在我起兵時，您就向外發布消息說我叛變了，宋朝廷知道以後，假如事成得利的是國家，失敗的話就殺我全家。」很顯然，林仁肇這是將開脫的方法都替李煜想好了。即使這樣，李煜仍然不願意出兵，繼續躲在宮中唸佛、填詞，似乎有種等待滅亡的意味。只是可憐了林仁肇這個忠臣的一腔赤膽。

西元九七六年，趙匡胤兵臨城下打到南朝帝都。大勢已去的李煜很平靜地投降了。被俘到汴京以後，李煜被封為了違命侯，拜左千牛衛將軍。

李煜在汴京的日子可以說苦不堪言，一邊懷著對故國的思念，一邊要忍受宋朝廷對自己的欺辱。相傳李煜的小周后是個絕色美女，趙光義對小周后垂涎已久。西元九七八年的元宵佳節，各命婦依例應入宮恭賀，小周后自然也去了。小周后自元宵節入宮後數日都不見回來，李煜在家中急得踱來踱去，唉聲嘆氣。一直到正月將盡，小周后才從宮中乘轎而歸。原來宋太宗趙光義趁這次機會把她留在了宮中，逼著她歌舞侍寢。小周后雖然無奈，但寄人籬下，也只能順從趙光義。

自此以後，小周后便常被詔進宮中。每次進宮，李煜只能坐以待旦，以淚洗面，牽腸掛肚地等待妻子回來。每次小周后回來，都是又哭又罵，李煜在痛苦無奈中，相繼寫下了《望江南》、《子夜歌》、《虞美人》等名曲。這是何等屈辱的生活！

西元九七八年八月十三日（農曆七夕），李煜與後妃們聚會，酒盡三分，不僅回想起從前的繁華生活，再看當下的淒涼，不由得觸動愁腸。李煜藉著醉意，即興填了一首詞：「春花秋月何時了？往事知多少。小樓昨夜又東風，故國不堪回首月明中。雕欄玉砌應猶在，只是朱顏改。問君能有幾多愁，恰似一江春水向東流。」正是這首膾炙人口的《虞美人》，令宋太宗再也不願意容忍李煜。

小周后看到詞後，對李煜說：「你在這裡惆悵了，雖然造化弄人，但也不要如此悲怨。況且隔牆有耳，你不過是懷思感舊，可是假使外人聽了，搞不好會疑心是你心懷怨恨。從古至今，多少人因詩詞惹禍，你我現在寄人籬下，時時要靠人臉色生活，千萬不要再招災惹禍了。」

李煜嘆道：「國破家亡，觸景生情，除了悲歌長吟，我還能做什麼呢？」

小周后說：「你越說越不對了，時勢如此，也只能得過且過，隨遇而安，過完剩下的人生。從前的事情，不要再想了。今天我備了幾樣小菜，一壺薄酒，先去暢飲一杯吧！」說完，拉著李煜回到房裡。

李煜見桌上的菜餚十分精緻，就端起酒杯一飲而盡，道：「今日有酒今日醉，哪顧明朝是與非。我來到汴京之後，將妳的歌喉也忘記了，今天偶爾填了兩闋詞，妳不如按譜循聲唱一唱吧！」

小周后說：「我很久不唱了，喉嚨澀得很，還是暢飲幾杯，不要唱了。」

李煜當然不依，小周后被拗得沒辦法，只得依譜循聲，挽起衣袖，輕啟朱唇唱了起來，李煜趁著酒興，親自吹笛相和。哪知這笛韻歌聲早被監視的人報知了趙光義。

趙光義看了李煜的詞，勃然大怒，罵他是「賊心不死，眷戀故園」。於是在李煜四十二歲生日那天賜了毒酒給他。也許是對這種看人臉色的生活厭倦了，李煜雖明知酒裡有毒，但還是喝了下去，結束了自己亡國之君的生命旅程。李煜死後，趙光義又虛情假意封其為吳王，以王禮厚葬於洛陽邙山，並請原南唐舊臣為李煜寫了墓誌銘，自己也特詔輟朝三日，以示哀悼。

《虞美人》是李煜的代表作。李煜以帝王之尊度過三年「日夕以淚洗面」的囚禁生活，受盡屈辱，嚐盡辛酸，最後被宋太宗用藥毒害而死。這首詞可以看作他臨終前絕命詞。詞中吟詠感嘆自己的身世和遭遇，訴說自己的悲劇命運和人生的愁恨，追懷往事，懷念故國，表達了亡國之痛。

李煜本無心爭權奪利，一心嚮往歸隱生活，登上王位完全是個意外。他痛恨自己生在帝王家，功過是非，已成歷史之軌跡。但從歷史統一上來說，南唐的滅亡又具有一定的必然性。歷史總是在前進，在犧牲李煜後，換來的是中國又一次的統一。

死得沒尊嚴的一對父子皇帝

宋徽宗趙佶（西元一〇八二年～西元一一三五年），原名趙亶，又名趙烜，是宋神宗十一子，是宋朝第八位皇帝。他兄長宋哲宗無子，死後傳位於他。宋徽宗在位二十五年（西元一一〇〇年～西元一一二六年），為人優柔寡斷，反覆無常，對政治問題缺乏判斷力。國亡被俘後受折磨而死，終年五十四歲，葬於永佑陵（今浙江省紹興縣東南寶山）。他自創一種書法字體很受歡迎，被後人稱為「瘦金書」。

▲　宋徽宗趙佶

北宋末年，宋徽宗即位後，開始重用奸相蔡京，搞得朝綱秩序混亂不堪，百姓生活苦不堪言，各地大小農民起義接連不斷。這時候的北宋，已經到了最黑暗、最腐朽的時期。西元一一一九年，雖然宋徽宗先後鎮壓了由宋江、方臘領導的兩次規模龐大的農民起義，但北宋的政權已經到了岌岌可危的地步，此時東北地區女真部族突然崛起，使北宋王朝面臨著巨大的威脅。

北方的女真族很快就建立了新的政權——金國，在宋金兩國割據南北的持續抗衡中，北宋連連戰敗，宋徽宗變得越來越不願面對國事。

西元一一二六年，窮奢極侈的宋徽宗面對內憂外患，選擇了逃避，將皇位禪讓給了兒子趙桓，也就是後來的宋欽宗。宋欽宗即位後，改年號為「靖康」。

宋欽宗即位不久，甚至未來得及享受做皇帝的優越，金人就攻進了宋城皇都。靖康二年二月初六（西元一一二七年三月二十日），北宋城破，徽宗、欽宗兩位皇帝雙雙被金人俘虜。這天，金太宗下詔將宋欽宗廢為庶人，第二天，徽宗、欽宗等人被押送回金國。據說當這對皇帝父子在燕州相見時抱頭痛哭。這一批俘虜有后妃、皇子、皇女以及宗室貴戚共三千多人。他們之中的一部分人在燕山附近被金帥賞賜給部下。許多婦女隨即被賣進娼寮，甚至還被金太宗完顏宗翰拿去與西夏換馬，以十人換馬一匹。有的還被賣到高麗、蒙古做奴僕。《呻吟語》引《燕人麈》的記載，說那些被分賞給金兵將帥的婦女：「十人九娼，名節既喪，身命亦亡」。從這令人咋舌的記載中，可以想像她們淪落到了何等境地！

宋徽宗、宋欽宗被金人俘虜後，只穿著金人給他們的青布單衣，當時是農曆四月，北方還很寒冷，徽宗、欽宗以及他們的兩位皇后時常在夜裡凍得睡不著覺，只得去找一些零散的茅草點火取暖。每日吃的都是金人吃剩下的發霉饅頭泡餿菜湯。欽宗的皇后朱氏，當時只有二十六歲，溫柔年輕，姿容豔麗，在金營被俘的日子，還要時常忍受金兵的戲侮。如此身心受辱的行程不過半月，燕王趙俁就病死在途中，徽宗得知以後不禁大慟，於是，以馬槽斂屍將燕王葬在了荒郊野外。

後來，徽宗在自己國破家亡、被俘受辱的辛酸艱苦下，寫了一首《在北題壁》：

徹夜西風撼破扉，蕭條孤館一燈微。

家山回首三千里，目斷天南無雁飛。

當北宋被俘人員終於抵達金朝會寧府時，金人為了彰顯勝利，舉行了獻俘儀式，這無疑是在徽宗、欽宗的傷口上撒鹽。這次儀式上，金人命令徽宗、欽宗及其后妃、宗室、諸王、駙馬、公主等皇親宗族，全部穿上金人百姓的服裝，頭纏帕頭，身披羊裘，袒露上體，完全一副標準的女真打扮。然後要他們到金朝阿骨打廟去行「牽羊禮」。欽宗的朱皇后得知消息後，不堪忍受奇恥大辱，當夜自縊，被救回以後，隨即又投水自盡。不僅如此，金人甚至還為兩位皇帝取了侮辱性的封號，稱徽宗為「昏德公」，稱欽宗為「重昏侯」。

徽宗、欽宗被關押在五國城，繼續日以繼夜地忍受金人的折磨。一日，宋徽宗在忍無可忍下，將自己的衣服剪成條狀，然後結成繩準備懸樑自盡。卻被欽宗發現，將奄奄一息的徽宗抱了下來，父子倆又是一陣抱頭痛哭。到金人將徽宗、欽宗移往均州時，宋徽宗已病得很厲害了，沒過多久就死在了土炕上。欽宗發現時，徽宗的屍體已經僵硬很久了。

金人得知了宋徽宗的死訊，仍然不肯放過徽宗，繼續折磨他。他們先將宋徽宗的屍體架到一個石坑上焚燒，等燒到半焦半爛時，用水澆滅火，拿木棍使勁拍打徽宗的屍體，直至徹底焦爛，最後將屍體扔到挖好的坑中。據說，這樣做可以使坑裡的水變成燈油。按照古代漢人的習俗，徽宗簡直是被挫骨鞭屍。宋欽宗見此悲傷至極，也要跳入坑中，卻被人拉住，說活人跳入坑中後坑中的水就不能做燈油用了。徽宗死後，金人把折磨人的注意力集中在了宋欽宗身上。

宋徽宗病死，身心受到沉重打擊的宋欽宗異常悲痛。西元一一四二年三月，宋金關係有所緩和。此時徽宗另一個兒子趙構建立南宋。當韋賢妃從五國城被接回宋朝時，欽宗挽住了她的車輪，請求韋賢妃轉告宋高宗趙構，假使能接自己歸宋，願意只做一個太乙宮主。可是好不容易當上皇帝的高宗卻另有想法，他害怕兄長欽宗回來後威脅到自己的帝位，因此雖然表面上積極與金王朝議和，高喊迎回徽宗、欽宗二帝，但行動上卻進度遲緩，巴不得自己的父兄客死異鄉。

西元一一五六年六月，金太宗命令欽宗出賽馬球。此時欽宗身體已經很孱弱了，而且患有嚴重的風疾，又不懂馬術，所以很快就從馬上摔了下來，在亂馬鐵蹄的踐踏下，欽宗再也沒有爬起來。

欽宗死後，直至西元一一六一年，他的死訊才傳到南宋，七月，宋高宗訂欽宗諡號為「恭文順德仁孝皇帝」，廟號欽宗。

宋徽宗和宋欽宗兩位父子皇帝就這樣在「靖康之變」後雙雙死在了北方。而這場被稱為「靖康」的歷史變故，成了宋王朝永遠抹不掉的恥辱與悲痛。

宋徽宗在太平時只顧一味享樂，任用權臣、佞幸小人，採辦花石綱，搞得天下民不聊生。面對外寇入侵，進退失據，面對金人兵臨城下，選擇忍氣吞聲，以求自保，落得個如此下場，也算是咎由自取，罪有應得。拋開宋徽宗這個不及格的皇帝不談，在「靖康恥」的血洗下，皇室宗族被變賣為奴，婦女被欺辱淫掠，中國歷史上應該沒有哪個王朝像北宋滅亡得這樣可憐，甚至後世會說，「讀史羞於宋」，可見這不僅是北宋皇室的恥辱，更是北宋王朝帶有濃重悲劇色彩的污點。

歪脖樹上的白綾

明思宗（明毅宗）朱由檢（西元一六一一年～西元一六四四年），十七歲即位，在位十七年，年號崇禎。朱由檢在位期間勵精圖治，勤政愛民，勤儉樸素，面對風雨飄搖的陌路王朝，他注定已經沒有回天之力，但仍六下罪己詔。在位期間，始終為挽救明王朝努力，直至西元一六四四年，李自成軍攻破北京，眾叛親離的他，於煤山自縊殉國。終年三十三歲。

▲　明思宗朱由檢

在二十五史中，明朝當屬最胡鬧的王朝。除了太祖朱元璋，成祖朱棣還能說得過去，其餘的皇帝簡直是枉為人君，明朝能存在兩百多年，也算是一個奇蹟。終於趕上一個好皇帝時，積弱成疾的明王朝卻滅亡了。崇禎帝朱由檢可說是明王朝最勤政的一位皇帝，說他已到廢寢忘食的地步也並不為過，可惜他生錯了時候。崇禎即位時，明朝已是江河日下，幾近滅亡了。

明朝自朱元璋起十幾位皇帝，除了將皇位傳了下去，還把宦禍縱容得史無前例。崇禎即位的第一件事便是除去大宦官魏忠賢。

當時魏忠賢的「閹黨」已經結成了很大的勢力，西元一六二七年八月二十一日，朱由校駕崩，遺詔由身為弟弟的朱由檢繼位。魏忠賢此時的野心已經無法控制，崇禎入宮之後，不僅以佩劍防身，而且不吃宮中的食物，只吃袖中私藏的麥餅。在他登基以後，魏忠賢向崇禎獻了四個絕色女子，十七歲的崇禎對魏忠賢的獻媚照單全收，但轉眼他就對四名女子進行了全身搜索，結果發現她們每個人的裙帶頂端都繫著一顆細小的藥丸，宮中稱為「迷魂香」。朱由檢識破之後，不禁大嘆：「父皇和皇兄都因此送命了啊！」

在與魏忠賢較量的過程中，崇禎一直不動聲色，只在私底下搜集魏忠賢的罪證。直至同年十月二十六日，一舉羅列出魏忠賢十項大罪，之前氣焰囂張的閹黨就這樣被一舉剷除。這位年僅十七歲的新帝，在清除閹黨中的表現，實在令人覺得大明江山仍有希望。

明朝的滅亡固然是歷史趨勢使然，但崇禎這個亡國之君說來也要負一定的責任。假使他不過分節儉，一味縮減官員俸祿，致使朝廷出現嚴重的受賄現象，甚至吝嗇到不肯從國庫拿錢賑災助餉，可能李自成也不會反了，朝廷的部隊也不會那麼不堪一擊。據說李自成攻進北京後，從宮內搜出白銀多達三千七百多萬兩，黃金和其他珠寶還不在其中。如果這些錢物盡其用，說不定明朝還能再多撐幾年，崇禎帝也不用在煤山自盡了。

西元一九六六年三月十七日，京城被圍困。明軍在與農民起義軍和清軍的兩線戰役中，屢戰屢敗，完全喪失了戰鬥能力，明軍士兵多數棄甲而逃，朝廷官員也相繼反叛投靠清軍。自知無力回天的崇禎，此時只能仰天長嘯。

三月十八日，天色剛黑，紫禁城也失守了。當小太監稟告完消息以後，沒等崇禎多問其他的情況，就已經轉身逃跑了。崇禎連喊幾聲，可是那太監連頭也不回。得知內城的守將早已逃跑的消息後，崇禎徹底失望了。

崇禎只得親自帶著太監王承恩，來到紫禁城的最高點——煤山。他放眼一看，只見京城內外烽火連天。見此，崇禎不禁仰天長嘆，良久無語。回到乾清宮後，崇禎決定準備後事。命太監將諭旨送往內閣時，太監的回報卻是：「內閣中早已空空如也！」想到以往的群臣跪拜，千呼萬歲，再對比今時的淒涼陌路，崇禎不禁失聲痛哭。

過了許久，崇禎命人將周皇后、袁貴妃及三個兒子叫到身旁，簡單叮囑了兒子們幾句，便命人送他們到外戚家避難。父子間一番哭別後，便讓十六歲的太子、十一歲的永王、九歲的定王化裝成平民，逃出了紫禁城。

崇禎又哭著對周皇后說：「妳是國母，理應殉國。」

周皇后也哭著說：「妾跟從你十八年，陛下沒有聽過妾一句話，落到今天這步田地。現在陛下命妾死，妾怎麼敢不死？」說完解帶自縊而亡。

崇禎又賜白綾給袁貴妃以及西宮眾嬪妃，對她們說：「皇宮馬上就會被敵人攻破，嬪妃一定不能落到闖賊的手裡。妳們應當小心謹慎地守住貞節，以保全列祖列宗的禮制。」說完，崇禎揮揮手示意：「自盡吧！」此時，崇禎已是精疲力竭，近乎瘋狂。

接著，崇禎又想到了公主。他想：「闖賊打進宮內，也不能讓他們污辱了公主。」於是，崇禎提劍直奔寧壽宮長平公主的住處。長平公主見父皇滿臉殺氣地撞進來，嚇得扯著崇禎的衣襟大哭求著崇禎不要殺她，聽到女兒撕心裂肺的哭喊，崇禎心如刀絞。但無奈崇禎現在連自保都做不到了，只能拔出劍來，淒然長呼道：「妳怎麼偏偏生在了帝王家。」隨後，手起劍落。眼見長劍劈來，長平公主本能地舉起胳膊去擋，結果被砍斷右臂，昏倒在地。崇禎又跑到昭仁公主的住處，連砍數劍，直至昭仁公主停止了呼吸。

這時，渾身濺滿公主鮮血的崇禎，精神已完全崩潰，他跑到一個個妃嬪的住處，將其全部殺死。當崇禎殺完了所有親人，宮中的人幾乎也已經跑光了，他茫然地坐在地上，再也沒有救國的希望。之後，崇禎帶著一群太監，趁著昏暗的夜色，想要逃出北京城。逃到東華門時，守門的太監卻用亂箭阻止他逃走。再到齊化門，齊化門的守將是朱由檢最親信的公爵朱純臣，但聽到皇上駕到，朱純臣卻下令不准開門。此時，崇禎早已龍顏掃地，一路上緘口無言，由王承恩攙扶著，主僕二人又朝安定門走去。可是到那一看，安定門城門緊閉，根本無法開啟。這時天色已亮，崇禎只得重返宮中。

經過一夜的奔波，這時的崇禎已是狼狽不堪。凌晨，崇禎登上鐘樓，鳴鐘召集百官，但沒有一個人前來。眾叛親離的崇禎心灰意冷，真是可憐到極點。想到明王朝幾百年的基業最終竟然毀在自己手裡，崇禎嘆道：「都是這幫大臣害了我啊！兩百七十七年的王朝，就這麼毀在奸臣手裡了。國君該為社稷而死，我也沒有別的路可走了。」說罷，解下自己的衣帶掛在了一棵枯樹枝上，結束了自己的一生。一直陪在崇禎身邊的太監王承恩在崇禎死後，也吊死在附近的一棵樹上。

試圖挽救明王朝的崇禎沒能成功，最終留下的只剩一道遺旨：

朕涼德藐躬，上乾天咎，然皆諸臣誤朕。朕死無面目見祖宗，自去冠冕，以髮覆面。任賊分裂，勿傷百姓一人。

這樣一個臨死之前仍記掛百姓的皇帝，正應了他對長平公主說的那句話，「怎麼偏偏生在了帝王家！」

在明史的評價裡，崇禎的一生可以說充滿了悲劇色彩，他擁有極強的政治手腕，心思縝密，果斷幹練，並且精力充沛，幾乎擁有歷史上所有明君的特徵。崇禎的是非功過充滿爭議，是中國歷史上最具悲劇色彩的皇帝之一，「無力回天」這四個字，足以概括崇禎的一生。

第四章

想長生不老，卻做了短命皇帝

守著一顆長生心的短命鬼

晉哀帝司馬丕（西元三四一年～西元三六五年）是東晉第六代皇帝，晉成帝之子，晉穆帝的堂兄弟。司馬丕本應在晉成帝後成為東晉第四代皇帝，當時由於年幼，加之權臣庾冰從中作梗而無法即位。直至西元三六一年晉穆帝死後，司馬丕才得以即位，此時他已經二十一歲了。司馬丕即位不久就迷上了長生術，按照道士傳授的長生法，斷穀、服丹藥，以求長生不老。西元三六四年，司馬丕因為藥性發作，不能親臨聽政，遂由褚太后再次臨朝。西元三六五年二月二十二日，在位僅四年的司馬丕因為丹藥中毒死於健康宮西堂。終年二十五歲，死後無廟號，諡號哀帝。

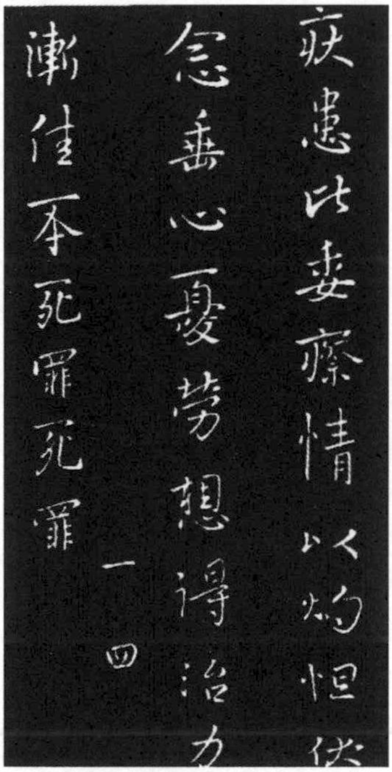

▲ 司馬丕手跡

幾番波折以後，皇位終於砸到了司馬丕的頭上。西元三六一年五月二十五日，司馬丕登上帝位，改元隆和，實行大赦。但當時朝廷由大將桓溫掌權，司馬丕雖然做了帝王，卻始終沒有實權，形同傀儡。

可想而知，在權臣的壓制下，司馬丕這個皇帝做得很鬱悶。年紀輕輕在政治上失去力量，司馬丕很需要另外的信仰支撐自己悲慘的皇帝人生。西元三六四年，在偶然之下，司馬丕結識了一群方術之士。在術士們的蠱惑下，司馬丕很快相信了長生不老之術。可能司馬丕認為沒有權力，能夠活得長久也很好。

迷戀上長生術以後，司馬丕每天嚴格按照道士傳授的長生法生活，「斷穀、服丹藥（不吃飯，只吃丹藥）」，以求長生不老。司馬丕這種苦其心志，餓其體膚的忍受，反而招致了大臣們的不滿。一次早朝上，侍中高崧勸諫司馬丕說：「迷信長生，服食丹藥，這不是帝王應該做的事。陛下的所作所為，就像天上出現日食、月食一樣，是不正常的。」司馬丕雖然被權臣壓制，但畢竟是一國之君，聽到臣子對自己說這樣的話，當然很不高興。自然也就把高崧的勸諫當成了耳邊風。

沒過多久，司馬丕因為藥性突然發作，無法說話，無法行動，到了不能親政的程度，沒辦法只好請褚太后臨朝攝政。

即便如此，司馬丕也沒有失去對術士長生法的信仰。也許是外面的世界太錯綜複雜，瞬息萬變，令司馬丕無法面對，寧願癱在床上繼續命術士煉製丹藥，活像一個吸毒成癮的癮君子。在丹藥的侵蝕下，司馬丕日益消瘦。西元三六五年二月二十二日，司馬丕因中毒死於建康宮西堂內，終年二十五歲。

司馬丕在位年僅四年，便被長生丹奪走了性命。司馬丕在歷史上的政治行為，除了即位時大赦天下，便再無作為。司馬丕死後，甚至沒有一個正式的廟號，只被諡為哀帝，可見其短暫一生的悲哀。

而由於哀帝司馬丕沒有後嗣，二十三日，皇太后下達詔令，讓琅琊王司馬奕繼承帝位。朝廷百官到琅邪王的宅第去迎接他。當天，司馬奕即位，實行大赦。

西元三六五年二月二十九日，司馬丕被葬於安平陵（今南京雞籠山），至此，晉哀帝司馬丕徹底退出了歷史舞臺。

三國兩晉南北朝時期，四方割據混戰，權臣橫生，帝王短命被害的現象並不少見。司馬丕身為晉成帝的嫡長子，卻無奈皇權孱弱，處處受權臣控制，這注定了司馬丕悲劇的一生。只是他迷戀丹藥，轉求寄託，非但沒能長生，反而加速了死亡，也算是自作自受。總而言之，身不由己的司馬丕仍然是一個具有悲劇色彩的皇帝。

死得比竇娥還冤！

唐太宗李世民（西元五九九年～西元六四九年），十六歲即從軍護駕，唐初統一天下的六大戰役，李世民親自指揮了其中四個，對唐王朝的統一發揮了決定性的作用。西元六二六年，李世民發動「玄武門之變」登上皇位。他開創了「貞觀之治」的繁榮局面，雖然一生勵精圖治，但「玄武門之變」卻始終是他的污點。自古英雄出少年，李世民這個少年英雄，在晚年為何不能善終？

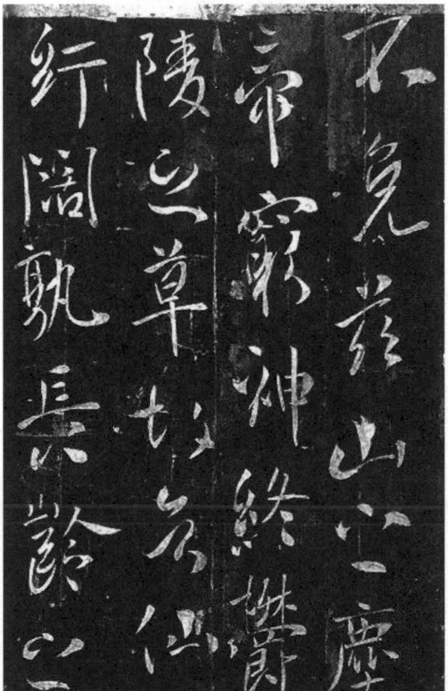

▲　唐太宗手書《溫泉銘》

李世民晚年遭到了至親和故舊的反叛，這些無疑對李世民造成了極大的打擊，而且充分暴露了他引以為傲的貞觀治世下不穩定的一面。他早年為奪儲位而弒兄殺弟，雖成功了，但總歸是一個沉重的道德包袱，這種愧疚感，自然會對他的心理產生影響。

在李世民晚年，宮廷裡爭奪皇儲的鬥爭再一次上演，並且越演越烈，他的幾個兒子不但手足相殘，而且公然犯上，或起兵謀反，或陰謀篡位，矛頭無疑都是衝著他這個做父親的而來，這些無疑對他產生了深深的刺激，給他帶來的內心傷痛和心理壓力可想而知。以致於在立李治為太子前，還曾發生過抽刀自殺的舉動，雖然不少人認為這是李世民為立儲而玩的帝王權術，但探究當時情境，任何人在經過這一連串的打擊之後，難免心理承受不了，他即便真的一時想不開，也在情理之中。

長孫皇后早逝，雖然在別人面前他的皇帝架子仍端得很好，但內心的苦處再也無人訴說，長期積壓下來便形成了鬱結，最終不可避免地影響身體健康。

到了西元六三六年，李世民從遼東戰場回來的途中患了「癰疽」，病痛難耐下，他開始服用金石丹藥。這位將唐朝帶向「貞觀之治」的明君，竟一反常態迷信占卜，癡迷丹藥。要知道，李世民年輕時曾嘲笑過秦始皇和漢武帝服用丹藥，可是他自己最後也不由自主地陷了進去。西元六四七年，李世民的身體一天不如一天，連年征戰累積下的病痛折磨得他無法休息。恰巧此時他又得了「風疾」，煩躁怕熱，李世民便讓人在驪山頂峰修建翠微宮。第二年，又派人到天竺去求外國騙子的「延年之藥」，但吃了這個藥後，病情進一步惡化了。

此時的李世民罹患了中風，只能癱瘓在床。在御醫精心診治下，半年後才稍微康復，能夠三天上一次早朝了。這時，假使李世民能以中醫的方式繼續調理下去，說不定會逐漸康復，也不至於後來搞得自己身體越來越差。可是，他卻迷戀上了術士們煉製的金石丹藥，渴望自己能夠長生不老。

李世民開始服用國內方士煉出的丹藥，雖並不見效，但他並不放棄，反倒認為是國內方士的道術太淺，因此他開始派人四處求訪國外高人。

西元六四八年，大臣王玄策在一次對外作戰中，俘虜了一名印度和尚。王玄策抓住時機，為了迎合李世民乞求長生不老的心理，將這名印度和尚獻給了李世民。這個印度和尚吹噓自己有兩百歲高齡，而且是研究長生不老方面的專家。印度和尚不斷誇耀自己煉的丹藥吃了以後能長生不老，甚至可以在大白天飛到天宮裡成為仙人，沒多久李世民的宮中就堆滿了煉丹爐。

這番可能只有三歲小孩才會相信的鬼話，居然真的打動了李世民。他將這個印度和尚安排到豪華的驛站居住，餐餐美食堪比皇帝御用的盛宴，每天都有整群的下人跟在身邊服侍，生活方面可以說與皇帝相比有過之而無不及。印度和尚見到李世民對自己的鬼話深信不疑，於是又胡扯了一大堆的古怪藥名，煞有其事地宣稱這些藥是如何神奇。李世民當然很高興，他的皇權成了號令天下搜尋奇方異草的快捷方式。不論什麼代價，只要能採辦到印度和尚藥單中的東西，哪怕刀山火海也一定要取來。

一年之後，也就是西元六四九年五月二十六日，這些藥終於配好了。李世民開心地以為自己很快就能變成神仙，毫不猶豫將藥全部吃下，結果七竅流血中毒身亡。這個被病痛折磨了近四年的君王，最終撒手西去，享年五十二歲。

一個時代就這樣結束了！

李世民謹慎了一輩子，到了晚年卻沒能做到慎終如始，竟如此糊塗地害死了自己。李世民自己也算是中國歷史上第一個被「長生藥」毒死的皇帝了。細數歷史上渴望長生服用丹藥的皇帝數不勝數，儘管始終都有前人的例子做為警告，可是仍無法阻止帝王對長生術的追求。這彷彿是帝王們的特殊嗜好，尤其在唐朝歷史上，不只一、兩個皇帝是丹藥中毒死亡。歷史就這樣在無盡的輪迴中向前推進著。

意外中的意外

唐穆宗李恆（西元七九五年～西元八二四年），出生前，其父憲宗已經有了兩個兒子，照理說，排行老三的穆宗沒有資格繼承皇位，可是他卻有一個勢力強大的母親，即唐朝開國元勳郭子儀的孫女。西元八一一年十二月，剛被立為太子的長子李寧忽然病死。有母親的扶植，以及朝中大臣的擁立，穆宗自然而然被立為太子。西元八二〇年憲宗去世後，穆宗即位，後因中風服食丹藥早早去世，在位僅五年。

▲　唐穆宗李恆

唐朝皇帝的死亡多數都和丹藥撇不開關係，穆宗父親憲宗的去世多少也與丹藥中毒有關。

西元八二一年，終於爭來皇位的穆宗成功登上了帝位，這年他二十六歲。

二十六歲，正當年輕有為的年紀，如果想在政治上有所作為，正是厚積薄發有所成就的時期。如果想貪圖玩樂，飽食終日，這個年紀也是遊戲人間無可比擬的時候。年輕的穆宗沒有在政治上效仿太宗、玄宗，反而沉溺在大唐的盛世享樂中，像歷代唐皇一樣服用丹藥。

術士給穆宗進獻丹藥時，穆宗的近臣以憲宗被丹藥毒死一事加以勸阻，反對穆宗服食這種「仙丹」。

《資治通鑑．唐紀五十七》中記載，處士張皐曾上疏勸阻穆宗：「先帝相信方士的胡言亂語，服用丹藥埋下了病根，這事陛下您比誰都清楚，怎麼如今自己也重蹈覆轍呢？」其實，對術士進獻丹藥一事，朝野之人都議論紛紛，但懾於穆宗的淫威，都不敢忤逆聖意，也就沒有人敢再進言了。

穆宗迷信仙丹的原因其實很有趣，他不像秦始皇、李世民那樣渴望長生，只是覺得好玩。穆宗的貪玩程度可以用無度來形容，他在宮中的生活極為奢侈。

穆宗在享樂上毫無節制，這點在朝廷為憲宗治喪期間就毫不掩飾地表現了出來。西元八二〇年五月，憲宗正式入葬於景陵，穆宗打發完父親的喪事後越發任意妄為。沒過幾天，穆宗就帶著親信隨從等一大隊人跑出去狩獵。到了六月，穆宗安排皇太后郭氏移居南內興慶宮，趁著這次機會，穆宗又獨具「慧眼」找到了玩樂的理由。

皇太后移居以後，穆宗立即率領六宮侍從在興慶宮大擺宴筵表示慶賀。酒宴結束，穆宗開始大賞陪他飲酒作樂的人，包括他的御用保鏢神策右軍。追隨在穆宗身邊的侍從和將領們都得到了豐厚的獎賞。之後，穆宗又命人用鎏金刻了人馬狩獵杯。自這天起，穆宗幾乎每三日來神策左右軍一次。同時會駕臨宸暉門、九仙門等處，目的是為了觀賞角抵、雜戲等表演。穆宗玩的時候比上朝聽政還認真，可見他對玩樂有多強烈的熱愛。

很快到了七月六日，穆宗的生日。這天穆宗又異想天開地制訂了一套慶祝儀式。後來一些大臣提出自古以來都沒有這些做法，穆宗只好作罷。但穆宗並沒有停止藉機玩樂的行為。穆宗在宮裡大興土木，先後修建了永安殿、寶慶殿等供欣賞玩樂的場所。在宮苑內修假山時發生倒塌事故，浩大的工程前功盡棄，浪費人力、物力，有七位工人在事故中被當場壓死。

穆宗十分喜歡看戲，永安殿修成後，穆宗算是有了專屬的戲臺，他在那裡觀看百戲，喜不自勝。而且，穆宗還在永安殿設置「密宴」，供他與中宮貴主取樂。享樂之餘還不忘讓他的嬪妃們一起參加。除此之外，穆宗還用重金整修裝飾京城內的安國、慈恩、千福、開業、章敬等寺院，甚至特意邀請吐蕃使者前往觀看。

穆宗一味追求玩樂，可謂玩物喪志，但他沒想到的是，自己最後也因玩樂釀了大禍。

有一次，穆宗被政務搞得頭暈腦脹，於是又想溜出去尋點樂子，便帶幾個太監去遊華清宮。這天應該天氣很好，晴空萬里，溫度舒適，以致於穆宗又一時興起親自率領神策軍跑出去圍獵。這次圍獵隨從們都很配合穆宗的指揮，神策軍又沒有搶穆宗風頭，穆宗玩得很開心。回宮以後，穆宗竟又不知疲乏地立即組織太監玩球。

玩球本來不是危險運動，但這次，忽然有人從馬上摔了下來，受驚的烈馬可不管穆宗是天子之軀，直奔穆宗而來。左右護衛阻擋了烈馬，穆宗沒有受傷。由於事發突然，穆宗受了驚嚇，被人攙扶到大殿後仍不能平靜。沒過多久，穆宗突然雙腳抽搐不能落地，並一陣陣暈眩。經太醫診治，是罹患了中風。此後，本來身體就不強壯的穆宗只能整天在床上靜養。

穆宗中風以後，身體一直沒有康復。不能活動自如，這對極度貪玩的穆宗來說簡直苦不堪言。在這種情況下，有術士建議穆宗服用金石（仙丹），穆宗從此上癮。雖然後來朝臣屢次勸諫，而穆宗也表面納諫，實際上卻沒有停止服食。在丹藥的侵蝕下，穆宗的身體越來越弱。不久，穆宗就因丹藥毒發駕崩於他的寢殿，時年三十歲。

像穆宗這樣玩物喪志的皇帝，死得早也許是件好事，不至於把大唐王朝活活玩死。皇帝們對丹藥的喜愛，是對迷信的一種追捧，他們渴望長生，渴望永遠統治天下。遇到疾病時，為了能擺脫病痛，能夠繼續專享帝王的種種特權，不惜以自己的身體為代價，也要嘗試一再害人的金石丹藥。也許這就是當局者迷吧！更算是帝王的一種悲哀。

煉丹煉出了催命丸

唐武宗（西元八一四年～西元八四六年），本名李瀍，臨死前改名炎。西元八四〇年，武宗即位。在位期間，任用李德裕為相，針對唐朝後期的弊政做出一系列改革。武宗信奉道教，西元八四五年開始，他下令大規模打擊佛教，史稱「會昌滅法」。在此期間，除了少數重要的寺院仍被保留，其餘的全國所有寺院均被拆毀，並勒令僧尼還俗。由於毀佛成功，武宗收回了大量寺院建設佔用的土地，且擴大了唐朝政府的稅源，鞏固了中央集權。

▲ 唐武宗李瀍

唐朝的皇帝嗜食丹藥已經到了瘋狂的地步，如果要歸根朔源，則要從唐太宗李世民說起。大唐建立以後，本是隴西貴族出身的李家皇帝並不滿足，仍想繼續將身價抬高。於是，李世民翻閱史書，找到了一個最早的也是最有成績的李姓人，李耳，即老子。因此，李耳成了李家的始祖。老子是歷史上著名的思想家，他的價值核心是「道」，這種指導思想使老子成了道教創始人。可是在大唐時期，被崇尚的道家並沒有表現出無為的思想，反而沒事都在想著如何煉點騙人的丹藥。

這種耗費財力、物力的事情，自然需要實力雄厚的人做靠山。李家這些崇尚道家的唐皇則成了最好的擁護者。而武宗身為道學的癡迷粉絲，登基以後對道教的擁護可是歷代唐皇都無可比擬的。佛、道是兩家並存於當時的教派，在爭奪宗教地位上，兩家各有成敗。漢武帝時期「罷黜百家，獨尊儒術」，佛教一時佔了上風。到唐武宗這一代，情勢反轉，佛教的存在簡直令武宗忍無可忍。西元八四一年，剛當皇帝不久的武宗設齋請僧人、道士講法，當時武宗只賜予道士紫衣，卻下令僧人不能穿著。這時候，一個明確的信號已經發出了：新皇帝對佛法很不喜歡。

永昌滅佛的主要原因在於佛道衝突，最直接的導火線是武宗身邊得寵的幾個道士。當時，趙歸真利用武宗對道教的偏信，向武宗挑撥是非，說自己遭受京師諸僧毀謗心靈受到傷害。先不說武宗對趙歸真偏愛，單說趙歸真的地位，怎麼也算是唐朝的國師。所謂「打狗還要看主人」，趙歸真說僧人詆毀自己，這無疑是間接侮辱武宗。後來，趙歸真又向武宗薦引了道士鄧元起、劉玄靖等人，這群道士串通一氣，同仇敵愾般在武宗面前數落僧人，同謀毀佛。道教徒的煽動，加強了唐武宗滅佛的決心。

不久，武宗下令毀滅佛堂，並讓寺廟裡的僧尼全部還俗。災難一個接一個的降臨到佛教徒的身上，西元八四三年，有人謠傳藩鎮的奸細假扮成僧人藏匿於京師，武宗便下令在長安城中打殺多達三百餘個僧人。武宗這場轟轟烈烈的滅佛，在他強大念力的支持下，不出幾年，顯示出了很大的成效。佛教被毀，信奉道教的武宗支持道學，對僧尼來說是一場不小的浩劫。

在道權與皇權的結合下，武宗就與他的父親、他的爺爺、他的列祖列宗們一樣，召集了一群江湖術士煉製神丹妙藥。這些術士整天裹著道袍、頭頂道冠，一心埋首研製「長生不老神丹」。這些道士裡，武宗尤為相信道士趙歸真等人。

武宗對趙歸真的寵愛並非偶然。武宗尚未即位時，已經對道術情有獨鍾。武宗即位擁有實權後，第一件事就是召道士趙歸真等八十一人入宮，在三殿處修建「金籙道場」，甚至親駕三殿做監督，受法籙。趙歸真在吹噓長生不老方面很有一套，而這些武宗恰巧很受用。在趙歸真的蠱惑下，一心成仙的武宗一邊讓趙歸真煉製丹藥，一邊又不遺餘力地大興土木，在郊外建了一座「望仙臺」，又在宮內建造了一座「望仙樓」。

年輕的武宗並沒有成仙，反而因為服食過量丹藥，漸漸變得與他父親一樣言行古怪，喜怒無常。道家除了煉製丹藥研究長生以外，還對房事很有心得。得知房中祕術後的穆宗開心不已，因服食丹藥他的身體已經出現副作用，自己卻並不在意。就這樣，在荒淫無度下，武宗很快就弄出了一身病，整個人迅速瘦了下來，面容也很憔悴。

西元八四六年，在位僅六年的武宗因貪食丹藥，死時竟連話都不能說。武宗一心想長命百歲，在丹藥的催促下，反而早早地喪失了性命，年僅三十三歲。

「武宗滅佛」可以看出封建社會的政權極力維護中央集權。在此期間，君主既要對宗教加以利用，又要努力維持自身的非宗教色彩，同時又要保持中央對宗教勢力的有效控制。中國古代的統治特徵避免了中國社會陷入宗教狂熱，但也影響了後來歷史上宗教在社會生活中的地位。對唐武宗李炎而言，對宗教的控制反而使自己走向了毀滅的道路。

詭異的紅丸傳說

明光宗朱常洛（西元一五八二年～西元一六二〇年）是明朝傳奇色彩最濃的一位皇帝，明宮三大疑案都與他有著密切的關係。萬曆皇帝並不喜愛這位太子，他的位置曾一度岌岌可危，苦熬了三十九年之後，終於得到了夢寐以求的皇帝寶座，但在他即位的第三十天清晨，這位剛要展翅高飛的皇帝就莫名其妙地去世了。廟號光宗，葬於十三陵慶陵。

▲ 明光宗朱常洛

明朝末年，宦官專政，黨爭不斷，皇權遭受了極大的衝擊。而「梃擊、紅丸、移宮」這三個被後世稱為「晚明三案」的神祕事件，卻都與一個人有關——明光宗朱常洛。

朱常洛為了皇帝寶座等了很久，可惜的是，他只在位二十九天就暴斃了。

事情要從明神宗朱翊鈞在位的時候說起。神宗一共有兩個兒子，朱常洛是長子，王恭妃所生，另一個是鄭貴妃所生的朱常洵。鄭貴妃當時是神宗寵愛的妃子，加之朱常洛一向不為父親所喜愛，神宗自然想立朱常洵為太子。可是根據明朝各代的規矩，在皇太子的確立上，應當「有嫡立嫡，無嫡立長」，也就是所謂的嫡長子繼承制。神宗的皇后始終沒有生育，沒有嫡子，皇太子之位只能落在長子朱常洛身上。可是神宗卻很不願意，一直想立朱常洵為皇太子，大臣們反而多數主張立朱常洛。就這樣，神宗與朝臣們在立太子的事上爭執了十五年，才將「天下之本」的太子人選確定下來，歷史上稱這件事為「爭國本」。

朱常洛好不容易當上太子以後，發生第一件懸案「梃擊案」。

一日中午，一個不知來歷的壯漢突然闖入太子宮，手持棗木棍，欲要行刺太子朱常洛。好在刺客被值班太監當場抓住，朱常洛有驚無險。但風波並沒有過去，試問一個普通人如何能闖進戒備森嚴的皇宮，又如何能輕易找到太子居住的宮殿，種種巧合實在是令人懷疑。

「梃擊案」發生後，人們立即將矛頭指向了鄭貴妃。這件事情經過反覆審理，確實牽涉到了得寵的鄭貴妃。奈何鄭貴妃仗著寵愛跑到神宗面前哭訴，神宗心一軟，就沒有再追查下去，鄭貴妃身邊的兩個心腹太監卻做了替死鬼。

梃擊案件過去後，已近中年的朱常洛總算歷盡千辛萬苦登上了皇位。而鄭貴妃在「梃擊」一案中也明白：朱常洛成為下一任君主的事實再也無法改變。

朱常洛剛即位的十幾天裡，比他的父親要有作為。他迅速執行了一系列革除弊政的改革，又犒勞邊關將士，罷免了礦稅。在這十幾天的功績裡，最受矚目的是他撥亂反正，把那些因為直言進諫而下獄的言官都放了出來，不僅恢復官職，甚至加以重用，這些措施使朝野看到了希望。

但不巧的是，朱常洛突然就病倒了。

朱常洛這場病和女人有很大關係。朱常洛還沒即位的時候就喜好女色，甚至有「夜戰七女」這種令人咋舌的荒唐淫事。鄭貴妃在「梃擊案」後，一改對朱常洛的冷淡態度，時常將珠寶、錢財送給朱常洛。鄭貴妃摸清了朱常洛喜愛美女的習性，特地挑出八名美女，送給朱常洛享用。鄭貴妃這麼做的目的何在，就不好多說了。朱常洛身體本來就不健壯，加上政務繁忙、房事過度，終於不支病倒了。

本來，朱常洛最多只是體虛，不能算大病，吃幾副補藥，遠離女色，靜心休養，過不了多久就能復原。但這時，掌管御藥房的太監崔文升（原是鄭貴妃的心腹太監之一）向皇帝進獻了一種靈丹妙藥。這藥其實是種瀉藥，朱常洛服用後，當天晚上就腹瀉不止，一夜跑了三、四十次廁所。這麼一折騰，本來就虛弱的身體徹底垮了下來。很快，朱常洛就到了無法起床的地步，眼看著病情日趨惡化。

這時，鴻臚寺丞李可灼向朱常洛進獻了兩粒紅丸，朱常洛對這種不明來歷的藥竟然毫無疑心，當即就服用了一粒。回到後宮後，朱常洛覺得精神好了很多，病情也稍見好轉，於是，又把第二粒服用了。服下第二粒紅丸後，朱常洛覺得自己精力充沛，於是將鄭貴妃送給他的八位美女全部召來，一起共度一夜春宵。到了第二天凌晨，不知為何，原本身體好轉的朱常洛卻突然駕崩了。

朱常洛死後，紅丸到底是什麼藥的疑問一直沒有解開，連是不是毒藥也一直無法弄清。兩粒紅丸就要了一位皇帝的命，晚明動盪的宮廷，頓時掀起了不小的風波。朱常洛就這麼不明不白的死了；太監崔文升為什麼要向皇帝進瀉藥；李可灼的紅丸從何而來，都已無從得知。後來李可灼被判流放邊境，崔文省則發往南京安置，「紅丸」一案就此告一段落。

朱常洛去世一個月後，發生了「移宮案」，又是一場不明不白的風波。不過這些事，朱常洛已經無法得知了。等了三十幾年才得到皇位，僅在位二十九天便以離奇的死因告別歷史舞臺，朱常洛實在是一位苦命的皇帝。

梃擊、紅丸、移宮三案，反映了明朝政局的腐敗和混亂。皇帝怠於朝政，百官又黨爭不休，宦官為所欲為。「國無外敵者恆亡」，一直天下太平的明朝正因倦怠政事，最後只能眼看著後金、闖王等勢力崛起，大明帝國的覆滅注定難以避免。

是死了？還是成仙了？

明熹宗朱由校（西元一六〇五年～西元一六二七年）是明光宗朱常洛的長子，光宗在位二十九天就暴斃，朱由校歷經「移宮案」風波，最終被群臣擁立繼位。朱由校即位後，既要面對朝廷宦官干政，又要忍受後金的威脅。後因意外落水成病，開始服用丹藥，西元一六二七年因服用「仙藥」致死，終年二十三歲，遺詔立五弟信王朱由檢為帝，即後來的明思宗。廟號熹宗，葬於十三陵的德陵。

▲ 朱由校葬於德陵

朱由校本來是個木匠天才，弄斧功夫非常了得，幾乎是無師自通。修宮殿、做器具、打造木製品等全都有模有樣。如果放到現代，讓他當個建築設計師應該是綽綽有餘，說不定能造出流芳百世的出色建築。但是，歷史陰差陽錯地開了個大的玩笑，讓一個不慕權貴、只好工藝的青年當了皇帝。恰巧又趕上了奄奄一息的明朝末期，朱由校的人生只能是場不可避免的悲劇。

一個高明的木匠，並不能成為一位高明的君主。朱由校一手縱容出了宦禍，導致朝廷被大宦官魏忠賢搞得烏煙瘴氣。

朱由校是明光宗朱常洛的長子。光宗做太子時，荒唐淫亂，不受父親神宗喜愛的他，若不是倚仗長子的身分，幾乎無法自保。雖然朱由校沒有沿著「有其父必有其子」的軌跡發展，但也自幼不被祖父和父親喜愛，教育上根本沒受到過管教，朱由校九歲「尚未出就外傳」，也就是說朱由校九歲了還沒有進「幼稚園」。朱由校智商並沒有問題，可是做為皇位預備役接班人居然是個文盲就很說不過去。不知道神宗在立朱由校為皇太孫時，腦袋裡到底是怎麼想的。

年幼的朱由校頂著皇太孫的名義，每天過得無拘無束。除了與小太監、小宮女廝混外，就是在宮中東遊西蕩。當時，宮中的三大殿以及乾清、坤寧、慈寧三宮都曾遭受火災，正在進行重修。此外，朝廷長年需要修繕宮殿，因此將一些宮殿改為了木匠作坊。不需要上學堂的朱由校整天在宮中遊蕩，久而久之，便對木匠工藝產生了濃厚興趣，竟然無師自通學了一手木匠的好手藝。吳寶崖在《曠園雜誌》中記錄熹宗：「嘗於庭院中蓋小宮殿，高四尺許，玲瓏巧妙。」《先撥志》也有記載：

「斧斤之屬，皆躬自操之。雖巧匠，不能過焉。」可見朱由校的木匠才能很不一般，用天才來形容也並不為過。

意想不到的是，皇太孫朱由校很快就當上了皇帝，這不僅讓滿朝文武感到錯愕，就連他自己也很慌亂。這只能怪他的父親光宗去世得太突然。

朱由校不愛江山，不愛美人，反而對木頭一往情深。當了皇帝的朱由校並沒有把注意力轉移到治國上，依然沉迷木匠活，九五之尊的身分反而成了他發展興趣的快捷方式。很快地，他就將自己的木匠工藝修練得爐火純青，從宮殿建築到木器製作，無所不精，無所不能，一人兼任設計、監工、工匠。據《甲申朝事小記》記載：朱由校製造的漆器、硯床、梳匣等器具非常精巧，雕工十分出色。朱由校無論建造宮殿還是製作器具，都精益求精，每製成一件作品後，先是欣喜，後又不滿意，棄之，再做，樂此不疲。

應該說朱由校是一位真正的藝術家。他對木製品的鑽研完全出於愛好，他所做的東西也沒有明確的功利性。他做了許多精美的器物，自己卻不知道有何用途，更不知道有何價值。據說，有時朱由校會讓宦官拿這些器物到市集上去賣，竟然大受歡迎，價格不菲。雖說身為皇帝的朱由校並不在乎錢財，但身為藝術家的朱由校知道自己的作品被人認可，自然十分開心。

縱然朱由校做木匠很優秀，也不能忘卻他是一國之主。倦怠國家事務，一味沉浸於宮殿器具的製作上，對一位皇帝來說，就是不務正業。千瘡百孔的明朝有這樣一位遊戲人間的君主，內憂外患之下，百姓必定陷於水深火熱之中。不過朱由校的日子也不好過，每天要看大臣勸諫的奏摺，總被唸叨著「皇上，不能這樣啊！」換成是誰都不會高興。這時候最開心的，除了虎視眈眈的後金以外，恐怕就剩宦官魏忠賢了。

朱由校每天只將魯班視為偶像，甚至想要超越魯班。同時，這位木匠皇帝對自己的奶媽極為依賴。於是魏忠賢與朱由校的奶媽湊在一起。這兩個皇家服務人員湊在一起可沒幹什麼好事。也許他們長期看人眼色，忍受壓迫，當發覺能從皇帝手中撬來大權時，格外激動。況且明朝有無數弄權的宦官前輩提供參考。魏忠賢和奶媽在攫取權力、排除異己、打擊忠良的事上，簡直如魚得水般悠遊自在，創出了歷代最高紀錄，也在歷史上「流傳千古」。一個太監，先不論好壞，有這麼大的作為實在難得了。

明朝這座巍巍宮殿，被魏忠賢等奸佞之徒弄得千瘡百孔，搖搖欲墜，早已「金絮其外，敗絮其中」。朱由校再怎麼能工善雕也無法挽救大明江山，只能眼睜睜地看它一天天衰敗。古人說「術業有專攻」，朱由校在政治上，注定只能是一個拙劣昏庸的帝王，他建造再多精美的宮殿，也於事無補，這就是悲劇。

朱由校沒有治理好國家，也沒能成為魯班，這要從他的一次意外落水說起。

西元一六二七年八月，朱由校在奶媽、魏忠賢的陪同下到宮中西苑乘船遊玩。眾人在橋北淺水處大船上飲酒，喝了有七八分醉意，朱由校臨時興起帶著王體乾、魏忠賢及兩名親信小太監跑到深水處泛舟，不巧小船划到水域中央時，來了一陣狂風，把小船吹翻了。朱由校不小心跌進水中，險些被淹死。被救起的朱由校受了不小的驚嚇。

皇帝落水不能說是件小事，朱由校落水間接促成了他的早逝，也中斷了他的木匠夢。

朱由校落水後，染了嚴重的傷寒，加上遭受心理創傷，一群太醫治了很久，朱由校的身體還是很弱，終日面無血色，虛弱乏力。後來，尚書霍維華向朱由校進獻了一種「仙藥」，名叫靈露飲，吹捧此藥服用後能立竿見影，健身長壽。朱由校試著服用了兩次，發現這種藥清甜可口，而且效果很好。於是，朱由校開始日日服用，幾個月後，卻得了臌脹病，逐漸渾身水腫，臥床不起，沒多久就病逝了。「仙藥」沒讓朱由校成仙，卻要了他的命。

朱由校死後，因為沒有兒子，由弟弟朱由檢繼承皇位，也就是後來的崇禎皇帝。不得不說，朱由校死得很是時候，在自己的木匠夢中病逝，總比看到大明亡國的景象好些。

朱由校繼位，實在是歷史開的一個大玩笑，讓一個只愛好斧頭柄而不愛好權柄的人做了皇帝。明朝多數皇帝都荒唐可笑、不務正業。比起唐朝皇帝愛服丹藥，明朝的皇帝縱容宦官、喜好女色的作為，更令人惋惜。大明江山日漸衰退，就算朱由校像弟弟朱由檢那樣勤政愛民，也難以力挽狂瀾。朱由校確實不是好皇帝，換個角度想，事實不可挽回就及時行樂，朱由校的一生也不算枉然！

第五章 牡丹花下的風流帝王

醋海也能淹死人

漢成帝劉驁（西元前五一年～西元前七年），自幼喜好經文，尊禮謹慎，受祖父漢宣帝喜愛。自登上王位後生活淫亂，終日與趙飛燕、趙合德姐妹合歡，將朝政大權交給外戚王氏。趙氏姐妹擾亂朝廷，殺有孕宮妃，逼劉驁掐死親生骨肉。劉驁沉溺酒色，常尋偏方以求床第健挺。西元前七年二月，素無大病的劉驁歡愉之時暴斃於未央宮，終年四十六歲。死後謚號成帝。

水色簾前流玉霜，趙家飛燕侍昭陽。掌中舞罷簫聲絕，三十六宮秋夜長。

▲ 漢成帝葬於延陵

月色流轉下的昭陽宮，幾乎夜夜繾綣如此。

漢成帝劉驁將趙氏姐妹擁入懷中，在聲聲簫樂中沉醉不已。卻不知酒色漸漸侵蝕身體，自己已時日不多。而他所承受的侵蝕不僅在體內。

年少時的劉驁一表人才，善讀經書，為人謹慎守序。一天他的父親元帝召他見面，他沒有走皇帝所用的馳道，而是繞遠前去拜見。元帝聽到後十分欣喜，此後便准他可走馳道。

之後劉驁漸漸迷戀酒色，日夜笙歌。登上王位之後荒淫更甚，把朝廷大權交給母親王政君的親戚，舅父都身居要職。王氏外戚漸漸把持朝政，把劉驁的權力消弱殆盡，他們與漢朝有名的呂氏家族及霍氏家族一道，形成漢朝政治外戚專權的獨特景觀。而被王氏家族冷落的王政君的姪子王莽，則暗自發力，並在日後掀起朝廷巨浪，這就是後話了。

劉驁依舊花天酒地放浪形骸，他看上了一個叫張放的年輕人，情同夫婦般日夜恩愛，常常因思念將其召到身邊，又迫於壓力將其放逐，每次分別之後劉驁都不停寄送情書，而張放更因過度思念致死。

對同性都能癡情如此，對天生麗質的美人，劉驁自然傾醉全身。

趙飛燕自幼學習歌舞，身段柔美多姿。因其舞姿輕盈蹁躚，世人忘卻其名直呼「飛燕」。她在陽阿公主府中被劉驁看上，召入宮中。自此劉驁將其帶在身邊形影不離。在一次宴會上，趙飛燕起舞助興，一陣風襲來，飛燕身影左右搖晃，似是要被風拂倒。劉驁便對其疼愛更甚，修建一座「七寶避風臺」金屋藏嬌。

趙飛燕為了討好劉驁，把自己的妹妹，姿色更美的趙合德送入宮中。趙合德不及飛燕體態纖瘦，但豐腴之姿韻味十足，讓劉驁得到補償般的快慰。

漸漸地趙合德成了皇帝的新寵，劉驁曾經如是說：「寧願醉死溫柔鄉，不慕武帝白雲鄉。」劉驁有個特殊的癖好，便是偷窺趙合德蘭湯沐浴。第一次偷窺純屬無意，一日他經過浴房，從門縫之中看到趙合德正寬衣解帶將要沐浴，他看著輕紗羅裳褪下，美人酥胸玉腿畢現，水氣逐漸氤氳而上，趙合德的身體若隱若現。這般刺激給了劉驁很大的享受，而這窺伺也成了他的娛樂之一。之後他為合德修建宮殿，特地吩咐人用上好藍田玉修葺一個浴缸。也便他更好地欣賞這一活色生香的畫面。

趙合德得知皇帝偷窺自己沐浴，暗自欣喜更加迎合上去。每一次沐浴都將動作演繹得更加妖嬈，時刻挑逗著門簾外那雙飢渴的眼睛。劉驁曾感嘆道，歷代皇帝都只有一位皇后，若可擁有兩位，一定要把合德封后。

趙氏姐妹在後宮如魚得水，卻始終被一件大事困擾：她們無法懷孕。在鉤心鬥角的宮中，始終沒有皇帝子嗣的話，便時刻有著打入冷宮的危機。趙氏姐妹於是心想，自己無法懷孕，那些嬪妃也不能身孕龍種！她們便仗著受皇帝寵愛，在宮中掀起了腥風血雨的「啄子」風波，那些懷有身孕的嬪妃都被迫害，皇子也被拋出宮外。許美人生了皇子被皇帝看見，趙氏姐妹便哭鬧，竟逼迫劉驁將母子二人賜死。這劉驁是被色迷心竅，全然不顧江山與後世，他之後只能讓其姪子繼承王位。不愛江山愛美人，可悲可嘆。

劉驁只顧與趙氏姐妹床笫合歡，但風流成性的他已落下「不舉」的毛病。趙合德弄來靈丹妙藥給皇帝服下，便能又得一夜歡愉。佔有慾極強的趙合德生怕別的嬪妃得到藥，竟在一個晚上給皇帝服了七顆藥丸，是夜皇帝興奮異常，但他不知，那早已被掏空的身體，已承受不住藥物的刺激。春宵過後，劉驁只覺精疲力竭、虛弱不堪，最後竟倒在了趙合德的身上。這風流成性的皇帝，也為自己的風流付出了江山和生命的代價，他也永遠沉睡在自己的溫柔鄉之中了。

歷史上像漢成帝這樣早期勤政愛民，晚年沉溺酒色的皇帝不在少數，也許是政治壓力過大，也許是本身無法控制慾望。像是唐玄宗專寵楊貴妃，明武宗出宮嫖妓，雖然荒淫，可是漢成帝最終死在趙氏姐妹的床上，這實在是身為帝王的一個污點。不知道在漢成帝歌舞昇平的時候，有沒有想起過曾經的班婕妤，那個和他恩愛兩不疑，教他學習音律的女子。

一句戲言惹來的殺身之禍

東晉孝武帝司馬曜（西元三六二年～西元三九六年），當政期間盡心國事，重用賢臣，注重賦稅改革。西元三八三年淝水之戰，東晉戰勝前秦，國家復興。但司馬曜嗜酒如命，常常徹夜長飲。一日他與寵信的張貴人喝酒，只對其發了幾句牢騷，竟招致張貴人憤恨，心起殺意。當晚張貴人與親信的宮女一起殺死了司馬曜，堂堂一國之主竟這樣在被窩之中被夫人結束了生命。

一句話的份量有多重？

高堂之上的司馬曜只因為一句戲言，斷送了自己的生命。

孝武帝司馬曜是簡文帝司馬昱與李陵容所生之子。司馬昱長

▲ 淝水之戰古戰場

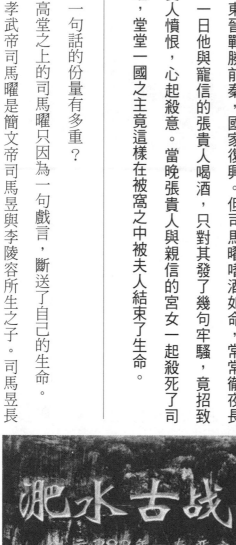

久以來無子嗣，終日焦慮惆悵，一次他把所有的嬪妃召集起來，請相面先生看哪個能孕育帝國之後。相面先生看了一圈，目光停留在一個高大的女人身上。

她就是大名鼎鼎的「崑崙奴」李陵容。

李陵容有中原地區不常見的黝黑皮膚和高挑身材，在當時看來的確怪異。她是番邦送與晉國的禮物，為司馬昱誕下了後代。這個得之不易的孩子，就是司馬曜。

司馬曜從小備受寵愛，十一歲即位，十四歲親政。親政之初，他厲行改革，以農戶田地多少來徵收賦稅，發揮了顯著效果。東晉國力日漸復甦。

西元三七三年，前秦苻堅統一北方後，把進攻之矛對準東晉。只有二十歲的司馬曜並沒有驚慌失措，而是採取一系列措施應對挑戰。他廣徵良將，重用謝安、桓沖等賢臣。在他的調度之下，晉軍如虎狼之師，以五千兵力擊敗秦軍五萬人馬，取得洛澗大捷。接著晉軍勢如破竹，讓苻堅軍「風聲鶴唳，草木皆兵」。此番以少勝多的戰役，讓司馬曜統治下的晉國迎來復興。

國家的交易處理得好，但他的個人問題總是不得意。

十三歲的司馬曜冊立太守王蘊的女兒王法慧為皇后。朝臣皆以為王法慧出身高貴，一定有貴麗容儀、淑良品德，但事實卻讓人大跌眼鏡。

王法慧是個驕奢善妒的悍婦，又經常酗酒，酒後常常耍潑撒瘋，把司馬曜弄得勞心費力。年少的司馬曜一再忍讓，有苦難言。過了幾年，王法慧過世後，皇帝才算是如釋重負。

悍婦雖然已經過世，卻把酗酒的毛病傳染給了司馬曜。此時的司馬曜，已經不再是彼時那個有雄心壯志的少年，日漸消沉的他，不理朝政，只顧終日與嬪妃、宮女喝酒作樂，放浪形骸，他常常左擁右抱，喝得昏天黑地。

他的後宮裡有一位張貴人，極受寵幸。張貴人雖未生育子女，卻在宮中地位頗高，司馬曜常與其對酒尋歡。一日，二人在清暑殿一同飲酒，酒過三巡，司馬曜已至大酣，開始耍起酒瘋來。此時張貴人也不勝酒力，向皇帝連聲推辭幾欲告退。但司馬曜此刻酒勁上頭，執意要張貴人再陪上幾杯。

張貴人再次謝絕了君王，此時司馬曜已有些惱怒，面子掛不住了，便氣惱地說：「妳要是不陪我喝酒，我就要定妳的罪！」

張貴人火氣也上來了，說：「臣妾偏就不喝了，看陛下能治我什麼罪！」

司馬曜正在氣頭上，說道：「我現在是很寵幸妳，但妳至今沒有為我生養子嗣。妳漸漸過了三十，也變得人老珠黃。我後宮有那麼多年輕貌美的宮女，我為什麼還要偏愛妳呢？」

這本是氣頭上的話，張貴人聽到卻猶如晴天霹靂般。她不敢相信這樣的話是從那個寵愛自己的夫君嘴裡說出來的。自己的夫君，在這個國家有著說一不二的權威，自己的命運就掌握在他的手裡。

張貴人越想越鬱悶，想著自己可能有一天被打入冷宮，從此不再得寵，就有點惴惴不安，甚至害怕起來。她心想著，不能讓這事發生。索性一不做二不休，去了結皇帝的性命。思忖了良久，她叫來貼身的宮女，共同實施殺人計畫。宮女起先不敢，但在處死的威脅下從了張貴人。她來到司馬曜休息的清暑殿，把一床被子蒙在皇帝臉上，又蓋上了重物，死死按壓。司馬曜喝多了已無力氣，掙扎幾下，身子便軟了下去。一代帝王，只因酒後一句話，就被夫人和宮女悶死在被子裡了！

讓司馬家族更加窩囊的是，張貴人僅以一句皇帝「魘崩」，就把弒君之事瞞天過海。她重金收買了宗室權臣司馬元顯，自己則捲起皇室內的金銀細軟，趁亂逃跑了。

擊敗前秦萬軍人馬的司馬曜，敗給了一句錯話，敗給了二兩黃湯，敗給了寵幸的妃子，敗給了墮落頹喪。

在史家對司馬曜的評論中有這樣一句：喜好「黃老」，無為萬事。天時地利，概不理。昏憒難覺，醉生夢死。他在位二十四年，雖然在東晉皇帝中在位時間不算短，上天也不是沒有給他機會，但始終一無所成，最後竟被他的一個妃子殺了。一生庸庸碌碌，最終戲劇性的死亡也許是他最能被人記住的一個片段。可惜，留給世人的只能是談笑的話題。

綠帽子也能氣死人

北魏孝文帝拓跋宏（西元四六七年~西元四九九年），北魏王朝第六位皇帝，五歲即繼位。其在位期間，厲行改革，透過遷都、改姓等一系列措施，加強了民族融合。是一位能力極強的改革家。但他感情生活屢遭不順，最後竟然因為夫人紅杏出牆而活生生氣死。

孝文帝是一位在歷史上都排得上名號的改革派君主。

但在他大袖一揮縱橫天下之時，他不會知道，自己將會在委屈與鬱結之中故去。

拓跋宏與其父親姓名讀音相同，經歷亦有相似之處。比

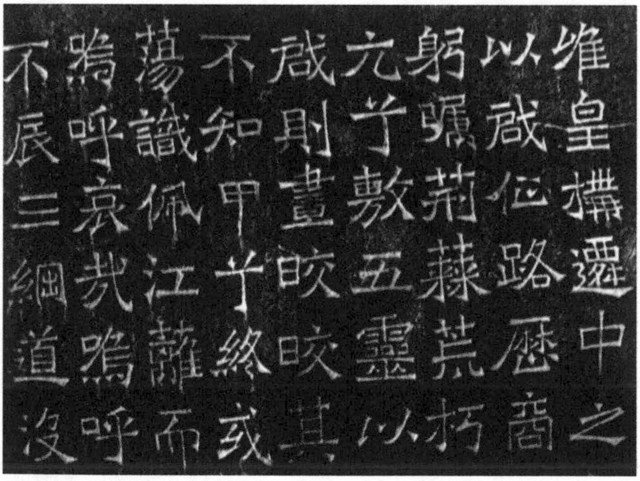

▲ 孝文帝作《吊比干文》

如，他們都擺脫不了同一個女人，拓跋宏的祖母馮太后。

拓跋宏的父親拓跋弘十二歲即繼位，年少即顯示出不俗的氣魄與才能，他勵精圖治，安撫國內，征討四方。然而馮太后對此十分不滿，似乎她不想這樣被一個懵懂少年搶去權力，於是便暗中施壓意欲奪權。終於，在少年拓跋弘十八歲的時候，他突然宣布把王位讓給只有五歲的兒子拓跋宏。自己則捧著佛經拂袖而去。

看來馮太后是勝利了，但她不知道的是，這個更加稚嫩的皇帝，將在歷史長河中掀起更大的巨浪。

年少的拓跋宏繼承了父親的聰慧，雖有祖母在上的強壓，但他學會了小心從事，這也為自己避免了很多麻煩。拓跋宏漸漸長大成人，迎娶了馮太后的姪女馮媛，對這個姓馮的女人，他倒也貼心愛護，百依百順。

馮太后雖說有些強權，但也為國家做了不少實事，她頒布施行「三長制」，對人口組織管理發揮了良好的作用。她掌權期間還實行了均田制，朝廷的官員也有了固定的俸祿，這都為之後拓跋宏的改革奠定了基礎。隨著時間的推移，終於有一天，馮老太帶著不捨駕鶴西去，屬於拓跋宏的時代到來了。

拓跋宏深深意識到，鮮卑族傳統過於落後，不利於國家長治久安和進一步的民族統一。他從小熟讀漢書經典，崇尚漢人文化。在他看來，只有將本民族漢化，基業才能獲得永續發展。馮太后死後，他下令守孝三年，並帶頭進行了一系列漢人宮廷的祭祀禮儀，就是意欲趁此機會讓朝臣耳濡目染習得漢文化。打下這些基礎之後，他改革的下一步就是遷都。

為了避免朝廷內的反對聲，他先以南征名義發布號令，接著率眾行至洛陽，當時天降大雨，道路泥濘不堪，兵馬寸步難行，群臣哀聲載道。拓跋宏即拋出自己想遷都於此的意願，在其循循善誘之下，遷都大計就這麼定了下來。

緊接著，移居新都的拓跋宏，開始大規模地進行漢化改革。風俗習慣、服飾、語言……等，無一不向漢族文化看齊。而在推行漢語的時候，拓跋宏的夫人馮媛卻拒不照做，為了改革順利進行，他毅然廢了馮媛的后位，讓她到寺裡養老。

皇帝不能沒有皇后，而這位新皇后則改變了拓跋宏的命運。她也姓馮，是馮媛的姐姐馮潤。

且說這馮潤一直是拓跋宏的心頭好，夫妻二人情意深厚。馮潤一直以來身體不好，還罹患了皮膚病，為了不傳染皇帝，她被送到了寺廟養病。馮媛被罷位後，馮潤的病也痊癒了。興高采烈的拓跋宏趕緊把她請了回來，封后扶正。

拓跋宏對內改革後，開始進行對外統一，御駕南征。他的確是一個為國家鞠躬盡瘁的好皇帝。他終日生活在馬背之上，習慣了刀光劍影，飛沙走石。拋卻了自己夢寐的國都洛陽，以及宮中的皇后馮潤。

馮潤獨守空房自然寂寞難耐。漸漸地，她勾搭上了宮中的宦官高菩薩。高菩薩是個假太監，沒有淨身，二人終日在宮中公開淫亂，馮潤寂寞的心也得到了最大的慰藉。這個女人胡作非為的事蹟不只於此，她在宮中肆意拉幫結派，奸佞賊臣把持政權，把整個朝廷搞得烏煙瘴氣。而這些，在外奔波的拓跋宏則不得而知。

馮潤的不齒勾當最終敗露，是源於彭城公主的出走。彭城公主是拓跋宏的妹妹，姿色頗佳，她的第一任丈夫是個其貌不揚的羅鍋，丈夫死後，她變成了皇族子弟追求的對象。馮潤的弟弟馮夙亦是個淫亂之人，想霸佔彭城公主卻始終未得手，便向姐姐求助。馮潤習慣了自己在後宮說一不二，便強硬地要求彭城公主答應。而彭城公主早就厭煩了這個給哥哥帶綠帽的女人，一怒之下，帶著幾個隨從去戰場前線向哥哥告狀。

這一路上極其艱險，接連幾天的大雨讓隨身侍從都打了退堂鼓，但剛烈的彭城公主前行之意已決，便自己冒著風雨抵達了哥哥帳中。當時拓跋宏因為戰事勞累，身子已然十分疲憊。聽到了妹妹向自己哭訴馮潤在後宮的胡作非為，更加氣惱。不過，以大局為重的拓跋宏堅持到了戰爭結束，才回朝向這對狗男女興師問罪。

馮潤得知彭城公主出走的消息，竟然用盡一切狠毒的巫術詛咒夫君早日去世。誠然，當時的拓跋宏已經虛弱不堪，但還是堅持到了洛陽。他把馮潤及高菩薩等人叫到門外，跪成一排接受斥問。馮潤使出了一哭二鬧三上吊的招數，不過心如明鏡的拓跋宏根本不吃這套。他把馮潤打入牢中，念及舊情不將其處死。

拓跋宏處理完家務事，接著走上征程。身體狀況也一天不如一天，太和二十三年，身在鄂北戰場的孝文帝身染重病，已走到人生之路的盡頭。彌留之際他向人囑咐，將皇后馮潤賜死，一同埋葬。就這樣，拓跋宏三十三年的短暫人生結束了。他以極強的政治眼光帶領北魏王朝走向民族統一的繁榮，卻因長年在外過於疲勞，放任後宮的烏煙瘴氣。在被心愛的女人重傷之後，這顆堅硬的心臟也不堪重負，終於破碎了。

自秦始皇以來，中國唯一一次出現南北長久分裂的時期就是南北朝。當時，南北不但地理阻隔、統治民族不同，甚至在風俗、思想等方面也一度走得很遠。但孝文帝拓拔宏消弭了這些差異，他將漢民族文化傳播到少數民族，將政權融合到只剩地理上的阻隔。他的統一，很大程度影響了人類文明分布面貌。當然，在民族融合上，也出現了相應的弊端，即使得鮮卑族這個古老且人口眾多的民族最終消亡了。

色字頭上一把刀

宋度宗趙　（西元一二四〇年～西元一二七四年），宋理宗沒有兒子，收趙　為養子，先後封為建安王、永嘉王、忠王。西元一二六四年十月理宗病死，趙　繼位，第二年改年號為「咸淳」。宋度宗智商低於正常人水準，二十五歲即位後，不顧百姓窮苦，只一味沉浸於奢靡的宮廷生活，三十五歲時因長期沉迷酒色，身體不堪負荷身亡。他在位十年裡，除了留給世人荒淫無道、昏庸無能的印象外，還捧紅了歷史上著名的奸相——賈似道，最終將南宋王朝推向了滅亡。

▲　宋度宗趙禥

每個人的人生都在幸與不幸之間起起伏伏。智障兒童趙禥的一生，更如戲劇般跌宕，只是他過於愚鈍，自己從不曾察覺。

趙禥本來當不上皇帝的。宋理宗原有兩個兒子，卻都在出生不久後夭折。直到四十歲，理宗依然膝下無子。有些心急的理宗開始從親室中選子繼位，後來，他欽定弟弟趙與芮的兒子為太子，這就是之後的宋度宗。

宋度宗的母親是趙與芮夫人的侍女，地位低賤。懷孕的時候怕孩子出生後不受重視，曾使用藥物墮胎。但孩子最後還是生了出來，只是手腳發軟，發育遲緩，很晚才能走路，七歲才會說話，智力遠低於同齡人。就是這樣一個智商不高的皇室子弟，陰差陽錯成了統領一國的君主。

宋理宗立趙禥為太子的時候，群臣紛紛反對。理宗便開始用宮中常傳的那些離奇說法說服大臣，說趙禥出生時霞光照耀云云，末了為他們勾畫藍圖道：「這是個十年太平天子。」誰知一語成讖，宋度宗真的只當了十年天子。而「太平」這兩個字，在未來的十年裡，顯得格外刺眼。

立趙禥為太子後，理宗開始悉心調教他，為他修建專門的學習場所，請來大儒為他傳經授道，有時更是躬身講授課程。無奈，天生的缺陷讓趙禥學習始終不得章法。理宗又氣又惱，但礙於是自己的姪子，最終還是將皇位傳給了他。

西元一二六四年，宋度宗執政，歷史上最為出名的荒淫君主登場了。

宋度宗雖然智力與常人差距不小，但荷爾蒙的分泌好得出奇。登基那年他二十四歲，正是青年男子慾望最盛的時候。他把朝政大事抛到九霄雲外，自己在後宮歡愉，一刻也不肯離開。《資治通鑑》曾記載度宗在當太子的時候，就是個好色之徒，登上王位之後則變本加厲，忘情沉迷於聲色。皇宮裡有個傳統，每夜皇帝臨幸嬪妃，翌日早晨妃子都要在門前謝主隆恩。然而讓人瞠目的是，度宗剛剛上位之時，有一天在門前謝恩的妃子竟然有三十餘人。荒淫至此，可悲可嘆。

宋度宗只顧在後宮逍遙快活，把朝廷大事放手扔給了旁人，甚至把奏摺交給寵愛的妃子處理。有諫臣委婉規勸度宗，勸他清心寡慾，修德勤儉。宋度宗總是表面上答應，背後依然我行我素。受理宗的影響，他同樣推崇理學，卻對理學「存天理，滅人慾」的主張置之不理，把一個男人的慾望擴張到了極致。

朝廷的大權在被度宗放空後，一步步落入了賈似道的手中。賈似道是個不學無術的浪蕩公子。仗著自己的姐姐是宋理宗的愛妃而扶青雲直上，在朝廷中欺上瞞下無惡不作。宋度宗即位後，將其奉為太師。他更是為所欲為，把朝廷弄得烏煙瘴氣。

賈似道在官場混跡多年，學了一身歪門邪道。對宋度宗，他把欲擒故縱的把戲運用得淋漓盡致。賈似道經常上演辭官戲碼，表現得去意已決。每當這種時候，宋度宗就會跪地挽留，聲淚俱下。賈似道就趁機向皇帝提出許多無理的要求，滿足自己貪婪的胃口。太師的威嚴漸漸超越了皇帝，甚至退朝的時候，度宗都要目送賈似道走遠才敢坐下。

最讓人憤恨的是，賈似道把蒙古軍入侵的消息一拖再拖，不讓度宗知曉。一日，度宗從宮女處得知蒙古鐵騎包圍襄陽，進軍樊城，便來訊問賈似道，賈似道仍然嘴硬說絕無此事，事後又將那名宮女處死。

度宗在賈似道的欺瞞下確實過著「太平」日子，朝廷外的勞苦百姓卻陷於水深火熱之中，還要遭受蒙古軍隊的侵擾。「太平」的後宮每天有大批美女靜候寵幸，度宗過著許多男人夢寐的香豔生活。酒色日漸侵蝕著度宗的身體與心靈，為了能自在地行房中之事，他常常服用春藥。美女、酒與春藥，時日一久再健壯的青年，也會不堪重負。

終於，西元一二七四年，三十五歲的宋度宗死於臨安宮中的福寧殿。他放浪形骸的戲劇一生，終於落下帷幕。

宋度宗是幸和不幸的複合體。他原本生母地位低下，一出生就帶著先天缺陷，十分不幸；但他卻得到了理宗的偏愛，登上了無數人夢寐以求的皇帝寶座，這又是他的幸運。做為一個皇帝，他始終沉浸在酒色當中，甘心受權臣賈似道的控制，苟延殘喘的宋朝沒有亡在他手裡，實在僥倖。

豹房裡的祕密

明武宗朱厚照（西元一四九一年～西元一五二一年）是一個富有傳奇色彩的人物，一方面他荒淫無道，修建的豹房是留名歷史的風流場所。另一方面，他行事果斷，親自指揮應州之役取得大捷。明武宗我行我素，不願受傳統的禁錮，沉湎聲色犬馬的生活。一次外出遊湖時，不小心落水，之後一病不起，最後在病榻上結束了自己放蕩的一生。

▲　明武宗朱厚照

朱厚照在歷史上頗具爭議。綜合來看，人們對他的評價貶大於褒。風流，是這個皇帝摘不掉的標籤。

朱厚照是明孝宗的嫡長子，從出生之日起，就注定要登上殿宇最高的寶座。

孝宗非常重視這個未來的帝國掌管者，在朱厚照八歲的時候就讓他接受老師講習。少時的朱厚照聰穎明慧，老師講授的內容都能了熟於胸。孝宗與群臣非常欣慰，以為國家未來有了希望。

朱厚照給這個國家的希望，從他即位之日起，就一點一點消失了。

登上王位的朱厚照，終於擺脫了束縛，可以由著自己的性子來了。說好聽點，這叫崇尚個性解放，實質上無非是運用自己隻手遮天的權力，滿足貪婪的慾望。他先廢除了掌管自己內務的侍從，讓自己的活動更加自由。朝廷內的繁瑣禮節和鋪天蓋地的奏摺，早就讓他頭痛不已。更苦惱的是一些忠臣們不斷進諫規勸，在他看來像群蠅繞耳，聒噪不已。漸漸的，早朝他能逃就逃。如果這時有人能順應他的心意陪他玩鬧，實在再好不過了。

以劉瑾為首的太監「八虎」，迎合了武宗的需要，改變了他的一生。

明朝中後期宦官當道，在朝中權力頗盛。劉瑾算是其中臭名昭著的一位，他為了滿足自己私慾，與其他七位太監沆瀣一氣，鼓動武宗辭退了一批忠心耿耿的老臣。於是朝廷上太監當道，他們終日為年少的武宗提供新奇的玩具，舉辦特別的演出，變著花樣讓武宗玩得忘我開心。如此一來，武宗離自己的本職工作漸行漸遠，玩心卻日益膨脹起來。

明武宗在朝廷忠臣彈劾「八虎」的政變中，救下了「八虎」。之後在太監的幫助下，修建了地處紫禁城西華門的「騰禧殿」，也就是著名的「豹房」。

豹房實際上是武宗與嬪妃、宮女縱情娛樂的「天上人間」。很早以前，貴族就有飼養奇珍異獸的場所，如虎房，象房等。武宗的豹房從正德二年一直蓋到正德七年，共增添房屋兩百餘間。相傳武宗豢養了許多猛獸，發現豹最為兇猛，便將房子稱為豹房。這座豹房結構極為精巧複雜，內部設施也相當齊全，有宮殿、寺廟、船塢和演武場。武宗在裡面模仿宮外建造市集，讓太監、侍衛扮成商家、顧客，自己置身其中遊戲享樂。

這座豹房有珍奇動物，有每日上演的市井戲碼，裡面最重要的主角，是千嬌百媚柔情似水的姑娘。

武宗對女人的渴求到了令人瞠目的地步，無論幼女、少女，甚至是孕婦，只要武宗看上眼的，全都要擄到豹房臨幸。漸漸地，京城已經不能滿足武宗日益貪婪的胃口。他開始打著出巡的名義，微服私訪，實則是去為自己的豹房增添一絲活色生香。

關於武宗的五次出巡，民間有悱惻曖昧的戲說作品，最為著名的是武宗和劉美人的愛情傳說。

武宗第四次出巡，目的地是山西太原。草草聽完當地官員彙報後，他便要求左右召集樂師歌女一同飲酒作樂。在這裡，他遇見了樂師劉良的女兒劉美人。這美人膚若凝脂，雙眸動人，直懾皇帝心魄。武宗把她帶在身邊，寵愛有加。回京城後，將其放到豹房中金屋藏嬌一同起居。閱女無數的武宗在這個女人面前像是失去了所有脾氣，對她言聽計從，十分尊敬。武宗的心腹江彬更是把她當作母親侍奉。武宗喜歡騎馬打獵，荒廢朝政。劉美人只規勸幾句，皇帝就打道回府。群臣百官直言進諫充耳不聞，一個弱女子輕啟丹唇，武宗卻乖乖照辦。

一次武宗率眾南巡，本已與美人商定好一處相見，但美人卻因瑣事鬧起脾氣。武宗當時拋下大隊人馬，星夜兼程親自迎接，空留百官相對無可奈何。

其實荒淫的武宗也做了幾件不荒唐的事，他曾誅殺太監劉瑾，平叛藩王之亂，力挫蒙古小王子。應州之役的勝利，更是為武宗正名。

但武宗終歸是一個慾望過盛的男人，成不了賢德的明君。手中無邊的權力，多被用來滿足他的貪婪私慾。

武宗每日耗在女人身上，身體早已虛弱不堪。一日，他划船在江上捕魚，不小心落入水中。左右侍從慌忙將他救起。之後，武宗的身體一天不如一天，終日臥床不起。幾月後，他病逝在自己日夜不離的豹房中，三十年的荒唐人生畫上了句號。

放眼明朝皇帝，朱厚照確實是不合格的一位。他和文官的內鬥降低了政府的效率，南巡更加重了國家的負擔。雖然在處理「寧王之亂」時朱厚照的表現剛毅果敢，但綜合來說，依然不算明君。從人性角度上講，朱厚照極具張揚的個性，他既注重個性解放，又博學善用，不僅傳遞宗教思想，自己也效身於此。相較中國古代多數君王對人性的控制，朱厚照禮賢下士，甚至到大臣家中探望病情都是難得見到的。只能說，朱厚照生在封建時代卻恣意妄為，注定會被後人議論。

是補藥還是毒藥？

清文宗愛新覺羅・奕詝（西元一八三一年～西元一八六一年），也就是後人熟知的咸豐帝，當政期間清王朝正面臨著內憂外患，國家千瘡百孔。但咸豐帝卻異常貪戀酒色，過於放蕩的生活讓他三十一歲就告別了人世，他是大清王朝最後一位掌握實際統治權的皇帝。

▲ 清宮廷畫師繪《咸豐皇帝便裝像》

咸豐帝從繼位到死亡，都是一個謎。

道光皇帝生有九個兒子，論出身來看，最有資格接任皇帝的只有四阿哥奕詝與六阿哥奕欣。奕欣從小就顯示出傲人的才幹，天資聰穎，武力頗高，相較而言奕詝就顯得有些平庸。如此看來，奕詝本不是皇帝的最佳人選。好在他有個好老師。

咸豐帝的老師杜受田，出身書香門第，家中數代為官，頗有遠見卓識。他關鍵時刻謀劃的計策，在咸豐攀上帝位的路上發揮了很大的作用。

一次，道光帝為考驗帝國的兩個接班人，帶他們去木蘭圍場打獵。臨行前杜受田對咸豐說：「若論武力，自然奕欣會佔上風。但你可以對帝王說，如今正是春日，鳥獸繁衍生息的時節，實在不忍為了與兄弟爭高低而破壞自然的秩序。」打獵歸來，不出意料奕欣滿載而歸，奕詝一無所獲。道光帝詢問緣由，他便將老師教授的話和盤托出。道光帝果然大悅，誇讚奕詝有帝王之度。

道光去世前夕，依然對繼承人選猶豫不決。一日他在病榻上，吩咐左右把兩人叫來。臨去前杜受田對咸豐道：「如果皇上問起治國策略，你口才肯定比不上奕欣，你要表現出悲痛之意，表明自己對皇上的不捨。」果然不出杜受田所料，道光詢問若他們當上皇帝之後如何治國，奕欣口若懸河滔滔不絕，咸豐則趴在床前哭訴道：「我不相信皇帝會死，願您永遠長壽，我們也不會繼位了。」這一番話直戳道光的心坎，相較來看，奕欣好像巴不得自己早點死一樣。在道光的眼中，皇帝的「德」要比「才」更重要一些，最後他選擇了咸豐。

咸豐登基之後，他所謂的「帝王之德」也沒有顯現多少，反而日發沉迷於酒色。「好戲，好酒，好風流」，基本上概括了咸豐皇帝的一生。

咸豐當政之初，尚能勤於朝政，也想有所作為。但內有大規模農民起義，外有英法聯軍侵略，實在令咸豐頭痛不已，不久，咸豐便轉向淫樂以排遣愁悶。

另外，咸豐帝喜愛賦詩，自認為如果參加考試，一定能金榜題名。於是經常耽誤政事，去花前月下飲酒賦詩。他也喜愛戲曲，時常召集戲子在園中演唱，尤其熱愛點評，甚至會親自上陣示範一番。

當然，他與所有的男人一樣，貪戀女色。他坐在黃金寶座之上，擁有比別人更多的選擇自由。一次，咸豐在圓明園遊園，不經意間向身邊人抱怨周圍都是大腳的滿族女子，而玲瓏可人的漢人女子卻不多見。因為清廷自有家規，小腳女子不得入內。這時咸豐旁邊的太監心生一計，讓皇帝下旨僱漢人女子在園中打更，使她們輪流值班，皇帝則可以深夜進入隨意臨幸。機緣巧合，據說當時京城有位雛伶名叫朱蓮芳，不僅長得秀美，歌喉動人，還善於作詩。咸豐對她尤為寵愛，經常傳進宮中伴駕。

咸豐的心思撲在了女人身上，周圍的人只會為滿足其私慾出謀劃策，這樣的王朝注定步向衰敗。

咸豐帝即位八個月後，洪秀全建立太平天國宣布起義。兩年後，太平軍拿下南京，正式定都。國內這一番風起雲湧的折騰，早把羸弱的咸豐帝弄得夠嗆。誰知正在此時，國外的列強又盯上了中國這片肥沃的土壤。

自鴉片戰爭打開中國的大門之後，經歷工業革命發展起來的國家擴張的野心日益膨脹。西元一八五六年，英法等國發動第二次鴉片戰爭，從廣州開始入侵，一直殺到了皇宮寶殿。

懦弱的咸豐怎能應付得了這種陣仗，縱使他初登王位時有一番雄心壯志，但破敗的體制已經不是他一人可以扭轉的。萬念俱灰的他更加沉迷酒色，不如說他在尋找一種自我麻醉。據《滿清外史》記載：「已而洪楊之亂日熾，兵革遍天下，清兵屢戰北，警報日有所聞。奕（咸豐帝）置不顧，方寄情聲色以自娛，暇輒攜妃嬪遊行園中。」大難當頭，依舊我行我素。但我們不能否認，也許此刻他的心有萬箭穿過。

咸豐從小身體就不好，有肺結核的毛病，但又格外貪戀美色，身子骨一日差於一日。有御醫說鹿血可以補身子，咸豐一喝，果然覺得自己很有精神，最重要的是在床笫間他又能盡情享受了。自此以後，咸豐便把鹿血當作飲品一般服用。由於鹿血較為珍貴，不好採集，咸豐便命人養了百十隻鹿，好維持他每天都能喝到鹿血。《本草綱目》記載鹿血味甘，性鹹、熱，有補腎壯陽的功效。現代醫學也證明，鹿血有養顏、延緩衰老、抗疲勞、改善性功能等多項保健作用。鹿血雖有大補的功效，卻不能過量服用，肝腎功能不好的人更要謹慎。咸豐帝早已被酒色掏空了身子，加上大量吸食鴉片，身體無法承受鹿血帶來的刺激。

西元一八六一年，被英法聯軍趕到承德的咸豐，在悲憤中告別人世。關於他的死，有很多說法，有喝鹿血而亡、肺結核致死、花柳病致死等等。歸根究底，咸豐的死還是自己造成的。他淫亂無度，致使身體越來越差。如此惡待自己的身體，自然難以長壽。

據《清史稿》記載：「文宗遭陽九之運，躬明夷之會。外強要盟，內孽競作，奄忽一紀，遂無一日之安。」面對著中國千百年來未曾遭遇的內憂外患，咸豐也曾嘔心瀝血，用心改革，卻沒有挽回敗局，轉而將心思投放在遊戲人間上，既付出了生命的代價，又要遭受後人唾罵。清朝無可回轉的衰落，咸豐做為《北京條約》的直接簽定責任人，永遠被刻在了中華民族的恥辱柱上。

第六章

「非常」君王——死也要與眾不同

天神震怒下的慘案

武乙，姓子名瞿，商朝國王。西元前一一四七年繼位，在位三十五年，於西元前一一一三年被雷劈死。武乙是商朝後期的一個重要君王，他在挽救商朝統治方面實行了一系列舉措，雖然成效差強人意，但也算一件功績。在神權政治向王權政治轉變過程中，武乙發揮了很大的表率作用。他對鬼神的毫無畏懼，卻戲劇性的因雷擊死於渭水，死後被葬於殷地。

▲ 武乙

孔子對鬼神的態度很好：敬而遠之。

中國幾千年的歷史裡，有皇帝迷信佛教，也有皇帝癡迷道家。真正唯我獨尊不懼天神的人，最

早要算商朝的武乙。

武乙不信鬼神，本來是很科學的態度。偏偏這位不信鬼神的皇帝死於非命，活生生被雷劈死了。現在看來，武乙和西方的尼采相像，都是一位搞笑的天才。

武乙統治時期，商朝的國力已經逐漸衰微，周邊的方國也逐漸強大起來。除了外憂，武乙的內患也相當嚴重。在商朝的神權統治下，國君雖然尊貴，一言一行卻深受巫教勢力制約，王權很大程度上無法施展。武乙即位後，巫教的勢力愈加猖狂，不僅與武乙平起平坐，更時常假藉天神意志鉗制武乙的行動。在神權統治與王權統治的嚴重衝突下，武乙開始想方設法打擊神權。

於是，武乙每天只要吃飽了沒事，便思考如何折損神權的威嚴，抬高自己這個君王的顏面。

有一天，武乙靈機一動想到了辦法。他當即召來工匠，命其雕了一個樣貌莊嚴的木偶，並為木偶穿戴好齊整的冠服，將其稱為天神。

做好「天神」以後，武乙召集群臣。他當著一群臣子約這個「天神」和他賭博，由於「天神」是個木製品，武乙便命令一個臣子代表木偶的意志，設想是天神與他賭博了。武乙的臣子當然懼怕他，在武乙的淫威下，臣子嚇得步步後退。很快，這場荒唐的賭博就以臣子大輸告終。武乙因此大笑，指著木偶對大臣們說：「它既然是天神，怎麼會輸給我，如此不靈驗，簡直不配稱天神。」說完，便命令左右侍從剝去木偶「天神」的衣冠，痛打這位「天神」。

有了拿木偶做天神的經驗以後，武乙簡直是茅塞頓開。沒過多久，武乙又一次驗證天神的靈威。這回，武乙找人製作了更多的神像。然後，武乙自己穿戴整齊開始鄭重的與這些天神像搏鬥！這些假天神當然不會有任何反抗，一個一個神像都被武乙「揍」得東倒西歪，不是斷了胳膊，就是少了條腿。武乙這一次更開心了，望著眼前這群被自己痛打的天神，簡直產生了極高的滿足感。

這件事《史記》也有記載：「帝武乙無道，為偶人，謂之天神，與之搏。」結果「天神不勝」。這些天神，準確地說是這些天神像們都輸給了武乙。這件事以後，武乙認為攻擊象徵天神的天神像，天神都不曾現威靈，要不就是太無能，要不就是根本不存在。

有人對武乙說：「天神們都遠居在天上，即使你是皇帝，想和天搏鬥，也是不可能的事。」過了不久，大臣丙為鬱悶的武乙出了一個主意，丙說：「大王想搏於天，臣有一法，王可一試。」

武乙一聽，便說：「不妨直言。」

丙說：「將野獸的皮囊做成皮帶，在裡面盛滿獸血，再將獸囊高掛在樹枝上，挽弓仰射，若能將其射破，令獸血噴出，便稱之為『射天』。若天神有所靈驗，必將不令囊破血出！」武乙不禁大悅，決定按照這個辦法試試。當然，最後的結果是「天」被射出血來，仍然一點反應也沒有。於是，武乙扔掉弓箭大笑著說：「今天，天被我射了一個窟窿。」

從此以後，在武乙的眼裡，天神便成了徹頭徹尾的縮頭烏龜。想想這位武乙帝，簡直比三千年後的王安石他們勇敢太多了，雖然王安石會動口說說「天變不足畏」的話，但畢竟沒有一個人敢直接動手「射天」。

當然，在歷史紀錄裡武乙一系列對天神大不敬的行為，為自己帶來了報應。一次武乙率人到渭水流域涉獵，這天本來晴空萬里，卻忽然從天降落暴雷，恰恰劈在了武乙身上。這位與天神鬥了半生的君王，就這樣被天雷劈死了！

按照今天的科學解釋，武乙的死不能歸結到天神震怒的頭上。但是，善有善報，惡有惡報，不是不報，時候未到。時候一到，善惡皆報。武乙在信奉天神的社會，竟如此大膽，毫不顧及，難免觸犯一些勢力。而且，根據史料記載，我們能看出武乙是一個沒有愛心、兇殘暴虐的君主，將武乙的死歸結到「惡遭雷劈」，算是一個安撫眾人的答案。

死不瞑目：「遺臭萬年」的君主

晉景公，姓姬，名獳，是春秋時晉國的一位君主，父親是晉成公。晉景公曾經擊敗楚國，結束了楚莊王、楚共王的霸業。西元前五八一年，晉景公死於意外。《左傳》用一句話記錄了晉景公的死：「將食，漲，如廁，陷而卒。」意思是說晉景公吃了碗麥粥，突然覺得肚子漲，於是就去上廁所，結果一陣心痛，站立不住，跌入廁所內，活活被糞便嗆死。晉景公死後，其子晉厲公繼位。

▲ 晉景公

史上不管哪位帝王死了，都會有不小動靜。說起晉景公，他的死實在是前無古人，後無來者。

一向以文筆簡潔有力著稱的《左傳》，僅用了一句話描寫這一事件：「將食，漲，如廁，陷而卒。」寥寥幾字，足可看出晉景公死亡的喜劇色彩。

整個春秋時代，死得像晉景公這麼有戲劇效果的，實在找不出第二個。掉在茅坑裡淹死，怎麼想也都很可笑。

晉景公在春秋時也算是個舉足輕重的人物。他當政期間，春秋五霸中最後在世的楚莊王也退出了歷史舞臺。之後的一百多年裡，風起雲湧的大批豪傑中，晉景公也能佔得一席。

晉景公的死是一個曲折的故事，一切還要從頭說起。

首先，要提起歷史上盪氣迴腸的「趙氏孤兒」事件。當年，掌握生殺大權的晉景公一怒之下殺死了趙朔、趙同、趙嬰齊、趙括等趙氏族人，活脫脫引出一段「趙氏託孤」的歷史劇。晉景公殺完人後，忽然想到趙氏祖先趙盾，想起趙家是晉國世勳，卻因自己慘遭滅族。晉景公越想越感到內疚，越內疚越覺得不安。久而久之，晉景公開始做起了噩夢，他夢到趙盾在九泉之下內心不平，化成厲鬼要糾纏晉景公。本來已經一把年紀的晉景公，肯定難免有些心臟病、高血壓這樣的老年病，被噩夢一嚇，便生了大病。

晉景公身為一國之君，他這一病，自然要動用各方人力、物力尋找靈丹妙藥，神醫仙術。在一番搜尋下，靈丹妙藥雖然沒找到，卻有意外收穫。秦國的高緩先生（傳言是扁鵲的弟子）對晉景公的病很有興趣，發話說如果晉景公肯當自己的醫學實驗對象，便來晉國傾力醫治景公。

可惜晉景公不相信醫生，反而認為巫術更有權威性。於是，晉景公決定在高緩來之前，先到桑田這個地方，讓一個著名的巫師瞧瞧自己的吉凶。

晉景公慕名找到的這個巫師，招搖撞騙久了，真把自己當作天神下凡，對晉景公這個國君竟然不當回事，毫不留情地當場指出：「大王的病，大概是吃不上今年的新麥了。」當時，已經處於盛夏季節，田野裡的麥子黃油油一大片，眼看著就要收割。這個巫師竟然說晉景公吃不上新麥，幾乎與詛咒晉景公即將暴斃無異。晉景公聽到以後，自然不高興。但他也沒處罰巫師，只是帶著眾人返回了宮中。

回到皇宮的晉景公始終對巫師的話耿耿於懷。恰巧當晚，晉景公又做了個夢。夢中有兩個小孩在商量事情，一個小孩說：「神醫來了怎麼辦？」

另一個小孩說：「我們躲在膏肓裡，神醫又如何？」於是，景公在一陣絞痛中從夢裡醒來。痛醒後的晉景公，立即召見了神醫高緩。想來剛剛病發，又因噩夢心緒難平，晉景公的臉色肯定好不到哪去。高緩看到晉景公後想也沒想，就說：「病在膏肓之間，我已經無力回天了！」高緩這番話湊巧令景公想起剛才的夢境，景公感嘆道：看來我真的活不久了。

於是，景公開始耐心地等死。

在等死的日子裡，景公的身體並沒有再出現異常狀況。沒過幾天，新麥便收上來了。御廚們便用新麥熬了一碗粥。景公一看到新麥熬成的粥，忽然又覺得自己死不了了。於是，很有興致地命人傳來了那個說自己吃不上新麥的巫師，並當著巫師的面將一大碗粥喝了下去。

景公安然無恙喝完了粥，看著巫師，想到自己這些日子忍受的憂慮，一怒之下，便喝斥巫師道：「你不是說我吃不上今年的新麥了嗎？我現在都吃了，你還有什麼話說。」景公說完，便命人將巫師拉下去處以死刑。

湊巧這時，也許是晉景公太生氣了，急火攻心；也許是他腸胃不好吃得太急。剛下完命令的晉景公忽然覺得肚子不舒服，便捂著肚子匆匆衝進了茅房。春秋時期的茅房自然不能與現在的廁所相比，條件比較簡陋。晉景公吃得胃脹加上又鬧肚子，衝進茅房後過了很久都沒有出來。隨從等久了，連喚幾聲聽不見晉景公回應，思來想去，只好走過去斗膽開門查看。這一瞧才發現，堂堂國君晉景公竟然摔在了茅坑裡，至於是被糞池淹死的，還是病發死後掉下去的，就無從知曉了。

就這樣，晉景公以極其戲劇的方式告別了歷史。

後人曾讚揚晉景公的霸業成就，認為晉景公消除專政的趙氏家族，獲得了公室對卿族的第一次勝利，是有巨大貢獻的。儘管如此，從晉景公的戲劇性死因中，也能夠看出古代封建君主的荒唐，不僅死於非命，更使自己變成後世的笑柄。可以說，這是君主至高無上的權力衍生出的弊端。

舉重失敗，丟了性命

秦武王嬴蕩（西元前三一一九年～西元前三〇七年）是個別具一格的皇帝。秦武王身強體壯，勇武好戰，格外青睞男士，平日常常鬥力取樂。烏獲和任鄙兩人因勇猛力達聞名，被秦武王破例提拔為將，給予高官厚祿。秦武王四年（西元前三〇七年），武王和孟賁比賽舉「龍文赤鼎」，結果被大鼎壓斷脛骨，兩目出血。到了晚上，武王氣絕而亡，時年二十三歲。後右丞相樗裡子追究責任，將孟賁五馬分屍，誅其家族。

▲　九鼎製造者大禹

愛好對人的影響有多大？秦武王用生命回答了這個問題。

秦武王本人長得高大英俊，頗具治國才能，又力大無窮，照理說算是個文武全才的皇帝了。偏偏秦武王有一個很奇特的愛好，就是練習臂力，比賽舉重。屬下投其所好，秦武王自然有不少舉重高手伴隨左右。

當時有三個著名的大力士帥哥，烏獲、任鄙、孟賁，單看名字就有聲震天雷、豪氣沖天的氣勢了。他們生對了年代，正趕上秦武王癡迷舉重項目，因此，三人的力氣沒有浪費在農田裡，而是為他們謀到了高職。

西元前三〇七年，秦武王有了洛陽一日遊的機會。

秦武王率大隊人馬抵達洛陽後，周天子周赧王派使者到郊外迎接，禮節極其隆重。可是秦武王卻連應承的心思都沒有，直接拒絕了周天子的召見。不過，這並不代表秦武王對周天子有大逆不道的想法，秦武王來洛陽之前就聽說了幾件寶物，急著一睹為快，這寶物便是象徵著王權的九鼎。不過秦武王完全沒把這九座寶鼎當作尊貴的寶物，而是急著用這寶鼎試練一下自己的臂力。

秦武王一早就讓人打聽清楚了，九鼎現今放在周王室太廟的一側。於是，秦武王一入洛陽城，便帶著他的三個親信，烏獲、任鄙和孟賁馬不停蹄地趕到周太廟。走進側室，秦武王果然見到九個寶鼎整齊排列，相當精緻壯觀。

相傳當年大禹王從九州分別收取貢金，最後各鑄成一鼎，分別代表九個大州。在大鼎上專門記載著本州的山川人物，以及貢賦田土之數，足耳都有龍紋，這九座寶鼎又被稱為「九龍神鼎」。後來，在各地紛爭中，夏朝滅亡，這九座大鼎流落到了商朝，成為商朝的鎮國神器。

秦武王見到這九座寶鼎，欣喜若狂，圍著大鼎一圈又一圈欣賞，讚不絕口！秦武王看到大鼎的腹部分別刻有荊、梁、雍、豫、徐、揚、青、兗、冀等九字，興奮地指著刻有「雍」字的大鼎嘆道：「這個雍鼎，說的就是我們秦國！我要把它帶回咸陽。」

想到這裡，秦武王舉重的愛好又無法抑制了。轉身問守鼎的官吏：「這個大鼎有人舉起來過嗎？」

小吏畢恭畢敬的叩首回答：「自從有這個鼎以來，從來都沒有人舉得動它。聽人說每個鼎都有千餘斤重，誰能舉得起來啊？」小吏這樣說並不是敷衍秦武王，而是這九座大鼎的的確確有異乎尋常的重量。據說周武王攻克殷商以後，想把九鼎遷移到洛邑，不料這九鼎奇重無比。遷移之時，這宛如九座小鐵山的大鼎不知耗費了多少人力、物力。當年能用的人、馬、車、船都用上了，才勉強將這九座大鼎遷移到現今的地方。

不過，秦武王可不管這些，越是有挑戰性的東西他反而越想嘗試。望著眼前的大鼎，秦武王轉身問任鄙、孟賁：「你們二人力大無窮，能舉得動這個鼎嗎？」

任鄙這個人雖然力大無窮，是個勇士，但他卻並不魯莽，不僅不蠢，甚至算是個聰明人。任鄙心知秦武王倚仗著自己力氣大，喜歡爭強好勝，於是便推脫道：「小人只可舉動百餘斤的東西，這個鼎太重了，小人舉不動。」秦武王一聽有點得意。

偏偏孟賁是個十足的愣小子，說話、做事幾乎不經大腦，四肢發達、頭腦簡單這樣的詞用在他的身上一點都不為過。就在眾人都極力推脫無法舉起大鼎時，孟賁上前兩步把袖子一捲，中氣十足地對秦武王說道：「小人來試試，如果舉不動，大王也不能怪罪我！」

於是，孟賁將腰帶束緊，深吸一口氣，兩手緊緊抓住鼎耳，大喝一聲。只見那「雍鼎」竟真的從地面離開，不過大約只離地面半尺，便很快落回了原地。然而逞強的孟賁卻因用力過猛，眼珠直接迸出，鮮血直流。秦武王見了，不僅不考慮舉鼎的危險性，反而好勝地笑道：「愛卿果然力氣大。既然愛卿都能舉起這個鼎，難道我還不如你嗎？」

有孟賁的前車之鑑，考慮到秦武王一國之君的尊貴，任鄙便進諫道：「大王身體尊貴，不能輕易嘗試啊！」然而秦武王只是笑而不聽。當即解下自己的錦袍玉帶，也像孟賁一樣束縛腰身，無論旁人如何勸諫，秦武王都不肯放棄舉鼎的念頭。

深知危險性的任鄙卻仍不放棄勸說，上前抓住秦武王的衣袖再次勸諫。可是秦武王卻奚落道：「你自己沒本事，難道是妒忌我？」這一下任鄙被說得頓時無語。

秦武王兩大步向前，心中仍想：「孟賁只能稍稍舉起，我偏要舉著它走動幾步，才能顯現出我的王威！」於是，求勝心切的秦武王猛吸一口氣，幾乎用盡生平神力，全力以赴將大鼎舉了起來。

秦武王誠然也是一個大力士，奈何大鼎實在太重，大約也是鼎離地半尺時，秦武王便無力支撐了。大鼎就這樣從秦武王手中滑落下去。來不及收腳的秦武王，被大鼎重重地砸在右腳上，只聽一聲悶響，秦武王右腳瞬間被大鼎壓個粉碎。眾人只聽秦武王大叫一聲，隨後昏死在地。

隨從人員將秦武王扶回住處，請來了醫師，可是仍然止不住傷口的血。秦武王在巨大的疼痛中苦熬到後半夜，再也無法支撐，就此一命嗚呼。

秦武王即位時曾言：「得遊鞏、洛，生死無恨。」命運最終開了個大玩笑，真的讓他死在了洛陽。其實，秦武王的結局可以說是自作自受，如果他不過分爭強好勝，也不至於命喪黃泉。只是可憐魯莽的孟賁幾天後被右丞相處死，甚至連帶著滅三族！

什麼事能鬱悶死？

漢惠帝劉盈（西元前二一〇年～西元前一八八年），西漢的第二個皇帝，他是劉邦和呂后的兒子。劉盈十六歲的時候繼承皇位。即位後，劉盈實施仁政，減輕賦稅，政治清明，國泰民安。但是仁慈卻勢弱的惠帝劉盈不得不面對一個現實，皇權實際上掌握在強勢的母親呂后手中。司馬遷作《史記》時甚至不設「惠帝本紀」，反而改設「呂太后本紀」。

▲ 漢惠帝之父劉邦

劉盈的悲劇完全來自於他那強勢的父母。年紀輕輕，滿腹才華的劉盈僅僅在位七年便鬱悶而死。

如果沒有呂后，也許就沒有後來建立漢朝的劉邦。但命運捉弄人，劉邦最愛的女人卻不是呂后，最疼的兒子也不是和呂后生的劉盈。

劉邦在戰爭中認識了戚夫人。據說，戚夫人不僅年輕貌美，溫柔如水，而且能歌善舞。常年征戰沙場，歷經廝殺的劉邦，正需要這樣一個暖人心窩的柔弱美人，而不是深諳兵法政治、做風強勢的呂雉。

呂雉是劉邦患難與共的髮妻。自己的丈夫移情別戀，為人陰險強勢的呂雉自然嫉恨在心。在劉邦的專寵下，戚夫人很快便為劉家生了一個兒子。劉邦喜不自禁，將他與戚夫人的兒子取名為如意。從劉如意的名字裡就能看出，劉邦對這個兒子寄予的希望。日後，劉邦經常會說：「這個孩子像我，十分合我心意。」

此時，劉邦已經建立了漢朝，呂雉畢竟是正室，順理成章的成為了皇后，她與劉邦的兒子劉盈自然被立為太子。劉邦對戚夫人和劉如意的寵愛日益加深，久而久之，劉邦萌生出了廢掉劉盈，改立如意為太子的想法。

劉邦這個情緒自然瞞不過呂后。心計頗深的呂后考慮到自己日後的地位，便請張良幫忙，為劉盈請來了號稱「商山四皓」的四位老人。劉邦見到以後，十分驚訝，遂問他們：「朕曾經請你們出山，你們不肯，現在怎麼肯幫助太子了？」

四位老人回答：「太子為人仁厚，禮賢下士。我們甘願為他效命。」

劉邦回去後，無奈地對戚夫人說：「太子羽翼已豐，請來商山四皓幫忙。廢不掉了。」

不久，劉邦便去世了。年輕仁厚的劉盈即位，無奈大權掌握在強勢的呂后手中，有才不能舒，有志不能展。呂后對劉盈的無形加害不僅僅在干政上。也許，被母親奪權，劉盈尚且能忍受，但呂后強迫劉盈娶他自己的外甥女張嫣，這種極度亂倫行為，才是劉盈真正鬱悶的源泉。奈何呂后是自己的母親，劉盈既無實權來壓制呂后，又沒有膽量反駁呂后的所作所為。

劉盈依照呂后的意思，做了許多不情願的事情。有一天，呂后派人引劉盈去了一間屋子，劉盈在毫無準備下見到了極為殘忍的一幕。從這以後，劉盈在悲憤、鬱悶的雙重情緒下，一病不起，終日借酒澆愁，不久便抑鬱而終。

劉盈見到的是曾經貌美如花的戚夫人。只是如今的戚夫人，已經全無美色，完全成了一團肉球。

劉邦死後，戚夫人和兒子劉如意便失去了庇佑。壓制妒意的呂后便趁機發作。劉邦臨死前曾囑咐呂后饒過戚夫人母子，可是這反而成了戚夫人悲劇人生的一個助力。

本來呂后就深深痛恨戚夫人搶走了自己丈夫，看到劉邦臨死前仍不忘戚夫人母子，呂后終於對戚夫人忍無可忍。

劉邦剛過世，呂后便將戚夫人抓起來充當奴隸，剃去她的頭髮，讓她穿上粗布衣服，送去舂米。

成為階下囚的戚夫人顯然沒有理解自己的處境，反而唱道：「子為王，母為奴。相隔三千里……」呂后知道了，當然不會善罷甘休，便命人將趙王劉如意毒死了。

戚夫人遠不如自己的兒子「幸運」，她被呂后灌了啞藥，薰聾耳朵，挖去眼珠，砍掉四肢，割去舌頭，然後扔到茅坑裡。呂后對自己的作品很滿意，給她取名叫「人彘」。呂后自己欣賞不能感到滿足，便命人喚劉盈一起參觀。

劉盈從未聽說過「人彘」，聽到母親的傳喚，心中非常好奇，當即興沖沖的跟著太監前去觀看。經過數道曲折彎路，太監竟然引著劉盈進入一間廁所。開了廁門，太監告訴劉盈道：「廁所裡就是『人彘』了。」劉盈向內望去，見到的只是一團血肉模糊的肉球，只有一個人身，沒有四肢，眼裡也沒眼珠，只剩兩個血肉模糊的窟窿。但那身子卻還稍能活動，一張嘴張得很大，舌頭也被割掉了，發不出什麼聲音。劉盈看了一眼，又驚又怕，不由得向後側身，轉而又問太監，究竟是何物？

太監不敢說明，直至劉盈回宮，太監才在劉盈的強逼下說出了戚夫人三字。一語未了，劉盈幾乎快暈厥過去，不禁失聲叫道：「人彘這種事，實在不是人能做得出的，戚夫人跟隨先帝這麼多年，怎麼能讓她落到這麼慘的境地？我做為太后的兒子，終究無法治理天下啊！」

這個「人彘」，嚇得劉盈幾乎發瘋，產生了不小心理陰影。他回去後大病一場，一年多臥床不起，等到身體稍好些便開始日夜飲酒作樂，排解心中的抑鬱，每天過著長醉不醒的生活，對朝政幾乎毫不理會。呂后也就名正言順地開始處理朝政。不久，劉盈便抑鬱而終。

被做成「人彘」的戚夫人，在茅坑裡爬了三天，終於死去了。

　　無論劉盈有何才幹、抱負，始終逃脫不了呂后的專政。在呂后的干擾下，年弱的劉盈只能聽之任之，奉行清靜無為而治，任用曹參為相國，繼續執行劉邦、蕭何時期制訂的休養生息的政策。劉盈本人既無建樹，也無過失，後世對劉盈的評價大多是懦弱無能甚至昏庸。天性善良的劉盈，面對自己母親的殘忍毒辣的無可奈何，而面對自己的弟弟劉如意被人加害又無力保護，最終導致自己在看到「人彘」戚夫人的慘狀時，悲痛大哭。可見，在孝順與仁愛極端衝突下，劉盈的無奈絕望，以致自己最終也年輕早逝。

「最後的晚餐」：趙匡胤的離奇身後事

宋太祖趙匡胤（西元九二七年～西元九七六年），北宋王朝的開國皇帝，廟號宋太祖。西元九六〇年，趙匡胤在陳橋兵變中黃袍加身，代周稱帝，成為一代帝王，功成後他杯酒釋兵權。他曾擁有世界上最龐大的軍隊，卻始終是圖做擺設，受制於北方之敵。在位十六年，他開創了文治盛世，但他制訂的一系列國策，也使華夏文明走向歧途，嚴重扭曲了民族性格。

▲ 宋太祖趙匡胤

五代時期，是個動盪的時期，也是英雄輩出的時代。

西元九七六年初冬，已經是北風凜冽，大雪紛飛。宋太祖趙匡胤去世那天，《宋史》中只是簡單記錄著：「癸丑夕，帝崩於萬歲殿，年五十。」在這之前，趙匡胤沒有任何患病及醫治的紀錄。在這之後，有關帝位繼承的問題也沒有任何記載。

趙匡胤出身武將世家，照理說身體素質應該很好。一夜之間，一個五十歲的壯年人，怎麼會說死就死！即使是普通人突然暴斃都會引人懷疑，何況是一位皇帝。

後來，據一些宮女、太監口述能得到一些零碎的片段。那晚，皇宮裡四處都是靜悄悄的，寢殿裡只有趙匡胤和他的弟弟晉王趙光義。兩人平摒退了隨侍的宮女和太監，一邊喝著小酒，一邊談論些事情。退到殿外的宮女，只能透過門窗遙望殿裡的動靜，至於殿裡人所說的話，就一概聽不清了。只知道兩兄弟先是低聲密談，後來聲音越來越大，似乎是在爭執。這一切已經很不尋常了，突然，好像聽見趙匡胤大罵著：「你好自為之，你好自為之。」語聲淒厲憤慨。期間似乎還有利器落地的脆響。不多久，殿裡就傳出了趙匡胤瀕天的消息。

這實在讓人疑惑，而且，雖然正史裡對趙匡胤的死亡記載只是寥寥幾句，但在野史裡卻有許多說法。

《燼餘錄》中說，趙光義對趙匡胤的妃子花蕊夫人垂涎已久，於是趁趙匡胤病中昏睡不醒時，半夜調戲花蕊夫人，驚醒了趙匡胤，並用玉斧砍向趙光義，趙光義一躲，便砍在了地上。於是趙光義索性一不做二不休，直接殺了趙匡胤。

《涑水紀聞》裡又說，當趙匡胤去世，宋皇后趕到以後立即命太監王繼恩把皇子趙德芳叫來。可是過了一會兒，趕來的卻是趙光義。宋皇后驚詫半瞬，轉而醒悟是王繼恩假傳了聖旨，於是哭著對趙光義說：「官家，我們母子的性命，都託付給你了。」「官家」是宋朝宮廷內對皇帝的稱呼。趙光義說：「我們共保富貴，妳不要擔心。」但王繼恩不過是一個太監，怎敢私自違背宋皇后的旨意，這分明是殺身之禍。如果說在他背後沒有一個身分地位都相當高的操作者，顯然說不過去。

於是，便有了坊間廣為流傳的趙光義弒君奪位的說法。兩千五百多年的封建統治中，嫡長子繼承制始終是皇帝選擇繼承人的方式，除非特殊情況下，才會選另外的人選。趙匡胤死後，趙光義登基即位，看起來的確有些奇怪。雖然後來趙光義拿出「金匱之盟」為自己辯解，但畢竟已經是五年後了，證據出現得太晚，實在難以信服，而且「金匱之盟」本身就已漏洞百出，即使是杜太后認為國君不宜年幼，但在杜太后去世時趙匡胤剛滿三十四歲，她如何預見自己兒子何時會死？假使趙匡胤活到六、七十歲，趙光義也應該很老了，那時，趙匡胤長子的年紀與閱歷應該足以勝任皇位。

另外「燭光斧影」也同樣引人猜測。按照宮廷禮儀，趙光義是不可以在宮裡夜宿，但他卻在宮裡睡覺；太監、宮女不該離開皇帝，卻居然都離開了。忙亂的人影、奇怪的斧聲，以及趙匡胤的呼喊，這些未免都太奇怪，反而更像是一場精心策劃的事變。

趙光義即位以後，一系列的表現更是有種欲蓋彌彰的感覺。

趙光義不等到第二年，就改換年號。新君即位，慣例是次年改用新年號紀年，可是趙光義把只剩下兩個月的開寶九年，改為興國元年。這打破常規的改年號，只有一個解釋：搶先為自己「正名」。這不是他心裡有鬼，又是什麼？

趙光義即位是按照「兄死弟及」的邏輯，但他登基後卻將他的弟弟全部找理由殺掉，這樣一來皇位繼承人只能是他自己的兒子了。之後趙匡胤的兒子們不是自刎而死就是神祕暴病，都是這樣不明不白，後世猜忌趙光義也不是空穴來風。

不過，最讓人感到莫名其妙的是，趙光義的後代卻相信他的老祖宗「殺兄篡位」的說法，把皇位傳給了趙匡胤的後代。這裡說的是宋高宗趙構傳位的事。

據說趙構一生無子，到了晚年考慮繼承皇統時，竟想到了從趙匡胤的後代裡選擇皇位繼承人，而且趙構還說他做了一個夢，夢見宋太祖趙匡胤帶他到了「萬歲殿」，回顧了當年「燭光斧影」的全部情景，並告訴他：「你只有把皇位傳給我的子孫，國事才能有一線希望。」於是趙構找到了趙匡胤的七世孫趙慎，並將皇位傳給了他。這時離趙匡胤去世已有一百八十七年了。

雖然種種傳言都把趙匡胤之死的矛頭指向了趙光義，但宮廷中的事，當時又沒有目擊證人，真相到底如何，誰都無從知曉。直到現在，有人說「燭光斧影」只是空穴來風純屬杜撰。真相到底如何，最終仍是個謎團。

趙匡胤的偉大之處除了結束近百年的分裂局面，大體上統一了漢族地區外，還在於他在五代的亂世開創出開明寬鬆的政治環境，營造了一個有利於文人文化蓬勃發展的氛圍。在中國歷史上，以篡位得國的政權大多短命且瀰漫著血腥，唯獨宋朝是一個例外，趙匡胤做為一個亂世武將出身的皇帝深明治世之道，不得不令人稱讚。可以說，他不僅開創了一個朝代，還是一個階段轉型的先驅者。

難以得知的真相

孛兒只斤‧鐵木真（西元一一六二年～西元一二二七年），蒙古帝國可汗，尊號「成吉思汗」，意為「像大海一樣偉大的領袖」。成吉思汗出生於一個貴族家庭，長大後經過多年戰爭，統一了漠北草原各部。西元一二〇六年春天，他建立大蒙古國，之後又多次對外發動戰爭，先後征服了中亞、東歐等地。西元一二二七年，成吉思汗在征討西夏時死於軍中，死因不明，時年六十六歲。時至今日，西方仍有崇拜者稱其為「全人類的帝王」。

▲ 成吉思汗

成吉思汗對中國的疆域版塊是有巨大貢獻的。雖然，他的擴張戰爭某種程度上破壞了他國的穩定與環境，不過單就對民族的貢獻來看，成吉思汗的確是中國古代史上最偉大的帝王。不僅是國內，即使在國外，成吉思汗也有深厚的影響力，在歐美國家的千年風雲人物評選投票中，成吉思汗以超高的人氣遙遙領先，足見他在世界的影響力。這位千古帝王，生前風光無限，身後事卻撲朔迷離，成吉思汗到底是怎麼死的，是歷史上一大謎團。

關於成吉思汗的死因歷來有很多說法。據《蒙古秘史》記載，出征西夏的前一年，成吉思汗已經六十歲高齡，身體狀況也出現了問題。後來，在一次打獵中，他又意外從馬背上跌落下來。雖然傷勢不算多嚴重，但畢竟年紀較大，身體經不起折騰，當晚成吉思汗就發起了高燒。雖然成吉思汗身體已經出現問題了，但進攻西夏的計畫是早已籌畫良久，若不進攻，之前做的準備就白費了。

在病痛的折磨下，成吉思汗也有過考慮退兵的念頭，不巧西夏的使臣是個很沒眼色的人，在與蒙古國交涉的過程中，西夏使臣將領阿沙敢不竟然對成吉思汗出言不遜。成吉思汗大怒不已，立即決定攻打西夏。據說，當時氣急敗壞的成吉思汗對身邊的人說了一句話：「西夏人說這樣的大話，咱們怎麼能回去？就算是死，也要去問問西夏人，知不知道我們的神明長生天！」不久，成吉思汗便抱病出征。結果大家都知道了，成吉思汗滅了西夏，自己卻病死在軍營裡。

關於成吉思汗死因，還有一種說法廣泛流傳於外蒙古。據說，成吉思汗攻打西夏的時候，西夏國王李安全為了保住國家，將當時西夏第一美女，自己的女兒李嵬名贈與成吉思汗。年僅十三歲的李嵬名得知父親的決定後很不開心，但又無可奈何，只好依從旨意。成吉思汗得到美女後並沒有打消攻打西夏的計畫，只不過是稍微延遲了點時間，年輕的李嵬名得知消息後非常氣憤，於是利用和成吉思汗春宵一刻的機會，用嘴咬掉了成吉思汗的生殖器，然後自己投進了黃河。這件事發生時，成吉思汗已經是六十六歲高齡。一個老人，又是一代帝王，面對這種恥辱，加上身體上疼痛的折磨，成吉思汗沒過多久就情傷惡化死掉了。而這種事情當然不好對外公布，皇室只能對外宣稱成吉思汗的死源於意外墜馬。

蒙古人的《元朝祕史》中有這樣的記載：成吉思汗攻打西夏的時候，正是冬天，出兵作戰的天時、地利、人和的條件都不到位。大概為了舒緩心情，成吉思汗趁著空閒騎上紅沙馬，帶著幾個兵，去如今鄂爾多斯轄地內的某個地方打獵。當時並沒有仔細挑選馬匹，只是隨意從馬棚裡牽出一匹。打獵時，突然迎面吹過一陣大風，成吉思汗的馬受了驚嚇，沒有任何防備的成吉思汗墜落馬下。墜馬後，成吉思汗受傷嚴重，血流不止，當晚便高燒不退。跟隨軍隊的醫生根本無從應付，只能匆匆亂施針藥，止血退燒。第二天太陽剛升起來，成吉思汗就一命嗚呼了。

傳說不只以上幾種，《馬可．波羅遊記》中對成吉思汗的死因又有新的記載，稱成吉思汗是中毒而死。馬可．波羅是十三世紀義大利商人，於西元一二七五年到達中國，在中國居住長達十七年之久。可以說對當時中國國情瞭解得相當透徹，加上他經常能與皇室貴族接觸，知道一些宮廷禁聞也不足為奇。馬可．波羅的遊記中是這樣記載的：成吉思汗率軍攻打西夏，圍攻至現在的烏海一代，成吉思汗膝部不幸被西夏兵士的毒箭射中。回營以後，毒箭發作，群醫束手無策，只能眼睜睜看著成吉思汗傷勢越來越重。此時，成吉思汗的處境十分艱難，長子朮赤病死、流動作戰辛勞、天氣酷熱，各種因素綜合，成吉思汗終於一病不起。民間還有一種傳說，西夏王妃李嵬名利用和成吉思汗睡覺的機會給他下毒，使一代天驕一命嗚呼。

第五種說法是「雷擊死」。當時，蒙古人很迷信一種說法「上天以雷電警告不孝者」，成吉思汗某次惹母親生氣了，不巧因此導致母親離世。這事成吉思汗是無心之過，但也要多少負上一點責任。從此以後，自感有愧的成吉思汗便特別害怕雷電。西元一二二七年，成吉思汗外出時誤入雷區，當時那個區域雷擊和閃電十分頻繁，曾導致很多人死亡，成吉思汗不巧也被雷電擊中，因此致死。固然，這種說法比較離奇，但不是無證可考。

羅馬教廷使節約翰．普蘭諾．加賓尼曾出使蒙古，從他的文章記載中可以得知：當時夏天的雷電傷人事故頻傳，因此，蒙古人都很怕雷電。約翰．普蘭諾．加賓尼出使到蒙古國時，是成吉思汗死後的第十八年，可信度還是比較高的。

雖然說法多樣，成吉思汗的真正死因，仍是一個謎團。這位叱吒一時的天之驕子，最終連陵墓所在地都沒有留下，只留給後世無盡的猜想。

成吉思汗在古今中外的歷史上赫赫有名，是一位爭議頗多的人物。身為一個軍事家，他的確有了不起的才能，但他大肆發動戰爭帶來的負面影響也是後人討論的焦點。這位充滿爭議的帝王，他的一生跌宕、傳奇，不得不令人尊敬，至於他未解的死因，只能留給後世繼續猜測了。

是誰謀劃了死亡？

明仁宗朱高熾（西元一三七八年～西元一四二五年），明朝第四位皇帝，明成祖朱棣的長子。在朱棣奪取皇位的過程中，朱高熾立下了很大的功勞。西元一四二四年八月，仁宗登基，次年改元「洪熙」。仁宗生性端重沉靜，喜好讀書，個性儒雅，在位期間發展生產，為「仁宣之治」打下基礎，但他卻僅在位十個月便暴斃，終年四十七歲。廟號仁宗，葬於十三陵獻陵。

按照常理，一個皇帝在位僅僅十個月便暴斃，實在很讓人疑惑。明朝皇室多出懸案，建文帝生死不明，

▲　明仁宗葬於獻陵

「紅丸案」也追究不清，明仁宗朱高熾十月暴斃更是一大懸案。

明仁宗在位時間之短，僅次於明光宗。史書記載，過世的前第三天，明仁宗還在正常的處理朝政，但從生病到暴死於欽安殿，前後只有短短的兩天時間。身為一個正處於壯年的皇帝，剛剛登基不到一年就無疾而亡，確實很難說得通。

《明仁宗實錄》、《明史・仁宗紀》等正史中對仁宗的暴斃都隻字不提，箇中緣由難免使人猜測，多年以來，人們對仁宗的死有兩種不同的看法：

一種觀點認為，明仁宗死於縱慾過度。根據史實來推斷，這個推測是很有可能的，畢竟仁宗貪慾好色是眾所周知的事實。明仁宗即位後，大臣李時勉曾經上奏勸諫仁宗不要嗜慾。據說，仁宗看了奏摺後怒不可遏，當即命侍從把李時勉抓來大刑伺候，李時勉險些因此喪命。記載顯示，仁宗到了彌留之際，仍對李時勉恨之入骨，還說「時勉公然侮辱我」。可見，明仁宗縱慾無度是有確鑿證據的，而李時勉的奏疏剛好觸及到仁宗的痛處，才會令仁宗臨死前都對這件小事耿耿於懷。

仁宗過世後，他的兒子宣宗皇帝即位，從宣宗的言行中，也能看出仁宗縱慾的本性。仁宗死後，宣宗曾御審李時勉，質問他：「你區區一個臣子敢觸犯先帝！你的奏摺裡都說了什麼？」

李時勉叩首答道：「臣上奏勸先帝不應該過度沉迷後宮，應該常常讓皇太子隨侍左右。」

宣宗聽到後，不僅沒有責怪李時勉誣衊自己的父親，反而嘆息李時勉是忠臣，並官復原職。可見，對於仁宗的嗜慾，宣宗也是心知肚明，所以才沒有責難耿直進諫的大臣李時勉。

不過，除了這兩件小事以外，仁宗死於縱慾的推測還有其他依據。明朝人陸釴的《病逸漫記》中記載：仁宗皇帝駕崩很突然，有人懷疑是雷擊，也有人猜測有宮人想毒死張后，不小心毒死了皇帝。後來有人透露，前面的說法都是假的，仁宗其實死於陰症。此書中的「陰症」之說，出自明仁宗時一個宦官之口，可信度還是很高的。無獨有偶，在《明史．羅汝敬傳》中也記載仁宗當時是服用治療「陰症」的金石之方而中毒駕崩的。

但是，對於仁宗死於縱慾這個說法，並不是所有人都能認同。另一種觀點認為明仁宗死於宣宗「弒父謀位」。

仁宗即位的時候已經四十六歲了，那時太子宣宗已經成年。如果等仁宗做十幾二十年皇帝，宣宗即位時肯定也是中年人了。所以，出於對帝位的野心，宣宗很可能產生弒父奪位的想法。

明仁宗是明成祖朱棣的長子，生母又是明朝開國功臣徐達之女。在皇子中的身分地位自然不用多說，不過，仁宗個性十分溫和，且又深受儒學文化影響，難免得不到父親成祖朱棣的歡心。眾所周知，朱棣是一個軍事能力極強、行事果斷狠辣、重武輕文的人。對自己個性溫和的兒子，很容易產生厭惡的情感，然而朱棣不得不立仁宗為皇太子，因為明王朝在立儲這件事上，還是嚴格遵守嫡長子繼承制。

名不正、言不順登上皇位的朱棣也受此制約，特意為自己正名，強調自己的生母是皇后。有了嫡長子繼承制的傳統，加上朝廷文武百官的支持，自己篡來皇位的朱棣沒有辦法，只能立仁宗為皇太子。

朱棣下決心立仁宗為皇太子還有另外一個原因，他很喜愛仁宗的長子朱瞻基，也就是後來的宣宗。朱瞻基的性格像極了朱棣，善騎射，精武事，熱衷權力，工於計謀。後來，大學士解縉說了一句：「好聖孫。」朱棣看到朱瞻基彷彿看到了年輕的自己，想到將來仁宗可以將皇位傳給朱瞻基，朱棣就打消了改立太子的念頭。

由此事可見，朱棣對朱瞻基的喜愛程度不言而喻，他生前就曾明確地向大臣表示，將來繼承明仁宗皇位的只能是長孫朱瞻基。

可是，仁宗即位後，像朱棣不喜歡仁宗一樣，仁宗也不喜歡與自己性格相反的兒子。另一方面，已經成年的朱瞻基早已迫不及待，希望自己能盡快登上皇位。

西元一四二五年三月，明仁宗命朱瞻基南行祭陵。四月十四日，朱瞻基離京。他預先安排了自己的知己，也就是隨侍明仁宗的宦官海濤加害仁宗。五月十三日，仁宗暴斃。

可憐苦熬到中年才即位的仁宗，空有滿腹政治抱負，卻僅在位十個月便結束了自己的人生。

關於明仁宗的死因，無論哪種說法也沒有確鑿的證據，但是，仁宗皇帝在位時間雖短，卻是個較能體恤民情、處事寬和、政策開明的帝王。也許，如果他多做幾年皇帝，明朝也不至於君權旁落，宦禍橫生，歷史的發展說不定也是另一番模樣了。

紫禁城裡的死因之謎

清世宗愛新覺羅・胤禛（西元一六七八年～西元一七三五年），年號雍正。西元一七三三年，一代梟雄雍正帝，突然暴死於圓明園宮中。由於史書記載不詳，且雍正死時正值壯年，致使雍正死因之謎始終傳聞不斷。流傳最廣的說法是呂四娘入宮行刺，並取走雍正的項上人頭，另外也有一種說法雍正是死於湖南盧氏婦人的劍下，甚至還有人說雍正死於丹藥中毒，以及過勞死。無論是哪種說法，這位處於清宮懸案風波之端的皇帝，死因一直引人探究。無論是「九子奪嫡」、「弒父篡位」，還是雍正離奇的死因，都使雍正充滿神祕色彩。

▲ 清世宗愛新覺羅・胤禛

雍正帝的死亡始終被層層謎團掩蓋著，真相如何，在幾百年的爭論中，始終沒能有個準確的定論。史書對雍正之死的記載十分簡單，只有寥寥幾句。雍正突然在圓明園行宮病重，第二日下午病危，急召大臣，當晚暴崩。

究竟是什麼原因導致雍正的死亡，史料卻從沒有詳細的記載過。

據說，雍正的心腹大臣張廷玉對雍正的死亡有私人紀錄。裡面寫道雍正七竅流血，令他「驚駭欲絕」。從這短短的紀錄中，不由得引起世人的種種疑惑。到底是什麼原因令一位帝王突然間七竅流血，並嚇得大臣無法平復心情。

此外，在雍正眾多死因中，有人提到雍正帝是因勞累致死。聯想到雍正執政期的勤勉程度，這個結論並不能盲目否定。畢竟在中國歷史上，雍正帝可以算是最勤政的皇帝了。他幾乎終年無休，日理政事，不遊獵，不巡行。在位十三年沒有離開過北京城。這並不是因他擔憂其他的兄弟政敵趁機發動變亂，而是因他政務繁忙，根本沒有時間出去享受。所以說，雍正「過勞死」也有一定道理。

另一種廣為流傳的呂四娘刺殺說，則成了最具戲說成分的死因。當然，在這種說法的背後也有看似很準確有力的證據。

呂四娘，是雍正時期一個叫呂留良的文人之後。呂留良因文字獄遭到了嚴厲的懲處，導致呂家被滿門抄斬，連誅九族。呂四娘，到底是呂留良的女兒還是孫女就無從得知了。當初，年幼的呂四娘跟隨僕人，一路躲避逃出了紫禁城。長大成年的呂四娘拜師學藝，練就了一身高強武藝。時機成熟，呂四娘便喬裝打扮混入皇宮，趁雍正帝身邊防衛較弱的時殺死了他，並將其人頭砍了下來帶出了皇宮。對古人而言死無全屍是一大忌諱，清宮為了掩蓋雍正帝被刺殺的真實死因，便對外宣稱雍正暴斃。

紫禁城防備森嚴，呂四娘到底是如何喬裝混入的？刺殺皇帝以後怎樣帶著雍正的人頭全身而退？這又是一個謎團。不過，這種說法有一個很有趣的考證支持。據說，雍正死後，他的棺柩裡是沒有人頭的，皇后命人打造了一個全金的人頭來代替，這才入棺安葬。

另外一種刺殺傳言來自《明清宮廷疑案》，裡面記載雍正是被盧氏婦人殺害的。相傳湖南盧某因謀反被雍正所殺，盧某的妻子是一個深諳劍術的俠女，在丈夫死後，盧氏為了替夫君報仇，便潛入皇宮，刺死雍正後自己也自刎而死。

清朝宮廷有一項耐人尋味的制度，凡是侍寢的妃子，都要全身赤裸一絲不掛地裹在被子中，由太監背到皇帝的寢室。這個做法，主要就是為了防止妃嬪收藏利器刺傷皇帝。有趣的是，滿族初入關時，並沒有這項規定，這種奇特的規矩是在雍正死後才制訂的。這種巧合，難免令人聯想到雍正的死因有疑。

雍正死於丹藥中毒的觀點近年來較為流行。

雍正崇尚方術，對於道教，尤其是修煉丹藥，非常有興趣，並會身體力行。雍正即位初期，日理萬機，操勞過度的工作方式令他感到身體嚴重吃不消，加上後宮佳麗三千，白日忙於朝政，夜裡忙於後宮，私生活上有失節制。休息不足的雍正健康狀況迅速惡化，宮中御醫開的調理良方都中規中矩，不僅見效慢，而且少不了要求雍正禁慾、禁勞。於是，雍正便將目光投到金石丹藥之上。

大約在雍正四年，他便開始服用道士煉製的「既濟丹」。雍正對丹藥的依賴很強，而且他不僅自己服用，還賜給寵臣服用。長年的勞累加上金石丹藥的毒害，雍正的身體迅速地惡化，最終導致因服用丹藥而中毒身亡。

有一份史料上說，雍正瀕天時「七竅流血」。眾所周知，七竅流血是嚴重的中毒反應。朝鮮的相關史料裡也能找到記載，說雍正晚年貪圖女色，病入膏肓，自腰部以下都不能動。這是當時的朝鮮使者在給本國國王的報告提到的，可做為雍正帝晚年身體虧損的一條輔證。可見，雍正服用金石丹藥也是極有可能的。

雍正死後第三天，剛剛即位的乾隆忽然下旨將煉丹道士全部驅逐出宮，同時告誡禁宮中的內監、宮女不許妄說國事，有敢說閒話的「定行正法」。試想乾隆新君登基，百務待理，又有雍正的喪事在前，這麼忙碌，卻急於對幾名道士做出處置，緣由不言而喻。因此，乾隆的舉動成了雍正死於藥石的有力佐證。

綜合各種原因及說法，雍正的死因不能單方面歸結為某種因素。無論是民間流傳的呂四娘復仇，還是丹藥致死，這些沒有可靠證據的說法，只能做為一種猜測，始終不能做為歷史事實。而對於雍正帝死亡的真相，還有待進一步的研究發現，或許有一天，真相會大白於天下。

國家圖書館出版品預行編目資料

龍椅背後：開棺驗史！揭開中國歷代帝王死因之謎／冷山月著.

第一版－－臺北市：知青頻道出版；

紅螞蟻圖書發行，2018.08

面 ； 公分－－(TALE；25)

ISBN 978-986-488-198-7（平裝）

1.中國史　2.帝王　3.野史

610.4　107013021

TALE 25

龍椅背後：開棺驗史！揭開中國歷代帝王死因之謎

作　　者／冷山月
發 行 人／賴秀珍
總 編 輯／何南輝
責任編輯／王亞松
校　　對／周英嬌、賴依蓮、鍾佳穎
美術構成／沙海潛行
出　　版／知青頻道出版有限公司
發　　行／紅螞蟻圖書有限公司
地　　址／台北市內湖區舊宗路二段121巷19號（紅螞蟻資訊大樓）
網　　站／www.e-redant.com
郵撥帳號／1604621-1　紅螞蟻圖書有限公司
電　　話／(02)2795-3656（代表號）
傳　　真／(02)2795-4100
登 記 證／局版北市業字第796號
法律顧問／許晏賓律師
印 刷 廠／卡樂彩色製版印刷有限公司
出版日期／2018年8月　第一版第一刷

定價 280 元　港幣 94 元

ISBN 978-986-488-198-7　Printed in Taiwan